생애 최고로 **행복한**
기회를 잡다

문화영

생애 최고로 **행복한**
기회를 잡다

문화영 지음
2005년 11월 30일 1판 1쇄 발행

발 행 처 | 도서출판 수선재
발 행 인 | 정향애

편 집 부 | 김인회
마 케 팅 | 김대만
디 자 인 | Dodoo 지상희
사   진 | 황대진

등록번호 | 제 300-1999-47호
등록일자 | 1999.3.22
주   소 | 서울시 종로구 사직동 237-1 101호
전   화 | 02-737-9454
팩   스 | 02-737-9456
홈페이지 | www.suseonjaebooks.com

ISBN 89-89150-42-6 03810

값은 뒤표지에 있습니다.
잘못된 책은 바꾸어드립니다.
저자와 협의하여 인지는 생략합니다.

감사의 글

명상을 하는 자리에서 7년여 동안 주고받았던 인간·자연·하늘에 관한 스승과 제자의 문답을 책으로 엮어『선계이야기』시리즈로 출간되어 그동안 독자님의 많은 사랑을 받았습니다. 사람으로 태어나 '살아가는' 일에 진지한 관심을 가지고 계신 분들이 이 책들을 통해 이에 대한 갈증을 조금이나마 해소할 수 있지 않나 자부합니다.『생애 최고로 행복한 기회를 잡다』는『선계이야기』에 빠졌던 내용을 추가, 재편집하여 새롭게 발간되었습니다.

본서의 원조격 도서인『선계이야기』를 만들 당시 도움을 아끼지 않았던 많은 분들의 노고에 고마운 마음을 전하고자 합니다. 다른 모습으로 출간되는『생애 최고로 행복한 기회를 잡다』를 통하여 독자분들이 새로운 기회를 잡을 수 있기를 바라마지 않습니다. 항상 본질을 명쾌하게 꿰뚫어 전해주시고 책으로 낼 수 있도록 허락해주신 문화영 선생님께 깊이 감사드립니다.

2005년 11월 편집실

🍃 프롤로그

대학시절 한동안 나가지 않던 교회에 나가 찬송가를 부르는 순간,
서러움이 밀려와 한없이 울었던 기억이 납니다.
옆에서 손수건을 건네주던 분은 아마 제가 실연을 하였을 거라고
여겼겠지만 그런 것은 아니었습니다.
우연히 산사(山寺)를 찾았을 때, 풍경 소리를 듣고
잠이 깨어 일어나 신자도 아니면서 아무도 없는 법당에서
수없이 절을 하였던 기억이 납니다.
소원을 빈 것은 아니었는데 무언가를 그리워하며
그랬던 것 같습니다.
어려서부터 저는 알 수 없는 서러움에 잘 울고, 하늘의 구름처럼
둥둥 떠다니며 외로워하고, 또 무언가를 그리워했습니다.
그 서러움, 외로움, 그리움이 어딘가에 전달되어 단전호흡을
알게 된 것 같습니다.
처음 기운을 느끼고 온 몸에 기운이 쫙 돌았을 때, 저는 마치
축복을 받은 것처럼 기뻐했던 기억이 납니다.
단전호흡은 제가 이 세상에 태어나서 한 행동 중 가장
재미있는 것이었습니다. 그 재미에 이끌리어 하루 종일 시간을
만들어 숨쉬기에 몰두했던 것입니다.
알 수 없는 기운에 이끌리어 수선재까지 오시게 된 분들은 저처럼

서러움, 외로움, 그리움에 익숙해있는 분들이라고 여겨집니다.
수련을 하면서 우시는 분을 보지는 못했지만 아마 혼자
수련하실 때는 가끔 눈물을 찍어내실 것입니다.
그리고 온몸으로 흠뻑 기운을 느끼실 때는 어딘가에서 오는 축복을
느끼며 이 풍진 세상을 잠시나마 살아갈 맛이 나실 것입니다.
저는 수선재 식구들이 수련하실 때, 그 모습에서 서러움, 외로움,
그리움을 만납니다. 그래서 반가움을 느낍니다. 그런 감정들은
우리가 찾아가야 할 본성의 언어이기 때문입니다.
저를 만나면서 반가움을 느끼신다면 그 이유는 제가 여러분들이
종래에 돌아가실 본향(본성의 고향)에서 온 손님이기
때문일 것입니다.
저도 여러분들을 만날 때는 고향분들을 만난 것처럼 반갑습니다.
그리고 앞으로도 고향에 돌아가 영원히 만나고 싶습니다.
본향에서 친구들을 만나는 재미에 지구에서의 한 생(生)이 그리워
다시 태어나는 시행착오를 겪기 않게 되기를 바랍니다.
이제까지의 생은 고난에 가까웠으니까요.
수없이 많은 생을 돌고 돌아 여기까지 오신 분들이 자칫 저를 보시고
실망하여, 친구들을 보고 실망하여, 실족하지 않기를
간절히 바랍니다.

저는 여러분들이 처음 수선재를 찾아 오셨을 때,
각자의 본성이 뛸 듯이 반가워하는 모습을 보았습니다.
그리고 여러분들의 보호령께서 자신들의 소임을 다 했다며
한시름 놓는 것을 보았습니다.
본향에 계신 여러분들의 조상님들께서 마치 후손들이 영생을
판가름하는 '과거 시험장'에 들어가 있을 때처럼 긴장하는 모습을
보았습니다.
저는, 선계에 가는 길은 눈감고도 찾을 수 있으며, 못난 안내자들을
많이 보아왔기 때문에 저렇게는 안 되겠다고 이를 악문 적이
많았으며, 또 선계의 지엄한 꾸지람이 가끔 계실 것이기에
수선재 식구들에게 감히 저와 함께 선계에 가시자고 부탁드립니다.

선계에 같이 가십시다!!!

문 화 영

🍃 차례

프롤로그

기회를 잡는 사람

좋은 분들 17
인물은 때를 알아봐 18
망하지 않는 말세 19
첫 번째 때가 오다 22
제라르 드 빠르디유의 선택 30
바로 지금, 제일 좋은 기회 31
절묘한 타이밍에 받아쳐야 33
째째한 욕심 가지고는 36
원래 자신으로 돌아가고 싶은 분들만 40

행복을 한번 잡아볼까?

내 그릇 대로 45
악역을 해줘서 고맙다 47
그것을 어떻게 바라보느냐? 48
두루 다 보라 50
별로 먼데 있지 않아 52
모든 것의 해결책 53
유능한 사람은 상대에게 맞춘다 55

질투도 약 59
기 싸움 하지 마라 60
'가정이 있다' 는 것만으로 61
이혼? 할 수도 있겠죠 62
힘이 되는 사람, 짐이 되는 사람 64
어떻게 하면 힘이 되는가? 65

인생은 원래 답답한 것

왜 몇 생을 되풀이 할까? 73
사람마다 다른 스케줄 74
1%가 좌우한다 76
오로지 마음 하나 77
'아픔' 을 통해서 깨닫는 선물 81
중요한 공부의 교재, 질병 82

순리에 따라

흐름을 알아야 87
기어가는 벌레가 부럽다 89
과학이 할 수 없는 것 92
자연으로 돌아가라 94

화장(火葬)이 빠르니까　96
'인간' 이라는 순리에 맞추어　98
지구는 정(正)의 방향으로　100

안 보이는 99% 이야기

바쁘고 치열한 별　105
파장이 말을 한다　108
선인(仙人)이 궁금하신가요?　110
우주인 셈야제　115
과학은 느리고 기(氣)는 빨라　118
깊이 숨어 있는 본성　121
삶, 그후의 또 다른 기회　122
타고난 예술가들　128

훌훌 털어내세요

탁 놓고 버려야　133
광수생각　135
봄날 같이　136
스트레스 해소　137
탤런트의 새로운 변신　142
베풀겠다는 마음도 없어야　147

마음을 여는 것은 '진심'　149
무심(無心)　150
마음주머니　152
왜 참견하시나요?　154
하늘에서 베푸시는 덕　156
타고난 그릇 바꾸기　158
바닷물에 잉크 한 방울　162
내 성격 나도 몰라요　165
느낌을 잊어버려야　167
장예모의 '화혼(華婚)'　169

사랑을 얻을 때의 타이밍

인연에 대하여　177
아름답고 단정하게　180
로댕과 오나시스의 연인　182
남자라는 지팡이　184
상대방을 선택하는 기준　186
기혼 남녀의 경우　188
항상 당혹하게 만드는 정(情)　191
궁녀로 태어나는 분　192
사랑의 성공?　195
옆에 있어준 죄밖에　196

내 것이 없는 사랑 200
사랑은 양보하는 것 202
마음을 얻는 타이밍 204
이별이 업이 될 때 204
사랑한다? 고맙다! 205

후회 없는 한 생

벼르고 별러서 왔는데 209
한 우물을 파다 210
뻔한 인생, 뻔한 드라마 212
어떠한 경험도 감사한 것 216
끝없는 반전으로 허를 찌르다 218
서너 시간만 집중하면 221
도가 트인다? 223
시시하게 하지 말라 224
무한대로 끌어져 나오는 능력 225
일가를 이룬 분들, 에디슨과 아인슈타인 229
명상을 통해 자신의 능력으로 231
비할 수 없는 가치 232

에필로그

기회를 잡는 사람

항상 기회를 잡는 사람이 되어야 합니다.
우주의 섭리는 나의 뜻을 기다려 주지를 않습니다.
그저 내가 그 안에 들어가는 수밖에 없더군요.

좋은 분들

좋은 분들이 많이 와 주셔서 정말 감사드리고 반갑습니다. 뭐 나쁜 분이 있을까마는 이렇게 저는 항상 사람을 찾고 있는 입장이랄까요. 그래서 수련을 할 만한 준비가 되신 분들을 보면 그렇게 기쁠 수가 없습니다.

*외람된 말씀이지만 선생님께서는
어떤 계기로 명상을 하게 되셨는지요.*

저는 아주 우연한 계기로 명상을 하게 됐어요. 사실 나이 사십이 다 될 때까지 제가 명상을 할 거라는 생각을 전혀 못 했었는데 어느 날 갑자기 그렇게 되었거든요. 저는 원래 수련 같은 것은 아주 고리타분하게 여기던 사람이었어요. 명상을 하기 전에는 취향이 좀 현대적이고 국제적이어서 이런 수련을 하는 사람은 참 국수적이고 고리타분하다고 여겼다고요. 제 스케줄이 그렇게 됐습니다.

제가 선계수련* 안내자로서 말씀을 드리는데 저는 항상 공인이라기보다 평범한 것을 좋아하고 그냥 자연인입니다.

---

* 선계수련 : 집중상태에서 α파장으로 하는 단전호흡을 통해 본래의 자신을 만나고 이와 일치해 나가는 수련을 말함

인물은 때를 알아봐

안에 들어와서 일원이 되어 같이 돌아가는 사람이 지식인이에요. 밖에서 보면서 비판하는 사람은 많죠. 비판적인 안목으로 그렇게 하는 것이 지식인이라고 여겨서 그러기도 합니다. 문학이나 철학하는 분을 관찰자라고 합니다. 지식인이라면 수레바퀴 안에서 같이 돌아가지 않고 떨어진 상태에서 보아야 한다고 얘기하는 분도 있습니다.

저는 그렇지 않아요. 항상 시대의 바퀴 속에 들어가서 같이 움직이는 것이 지식인이라고 보거든요. 같이 움직일 뿐 아니라 두 눈을 똑바로 뜨고 보는 거예요. 그것이 지식인입니다. 시대의 아픔을 같이 느끼고 그 안에서 같이 호흡하는 것이 지식인이지, 떨어져 나와서 비판하고 이탈한다면 지식인이 아니라고 봅니다.

지금 21세기 이 시점에 한국에 태어나서 나이라든지 환경적인 요인, 역사적인 요인들을 100% 활용할 수 있어야 인물이라고 봐요. 때를 안다는 것, 때를 탄다, 기회를 잡는다는 것은 그런 것입니다. 항상 환경을 최대한으로 활용하면서 취해야 할 점은 취해야지, 이탈해 나와 어찌할 바를 모르고 낙오자 또는 시대의 희생자같이 구는 것은 안 됩니다.

명상을 하는 분들도 마찬가지입니다. 시대에 소외되는 분들이 아니라 같이 호흡하면서 해결책을 자신에게서 찾는 분입니다. 남을 탓하거나 나라를 탓하지 않고, 또는 사회, 경제를 주도하는 분들에게서 원인을 찾지 않고 스스로 자신에게서 해법을 찾는 분들입니다. 그리고 자기 스스로 모범을 보이시는 분들이 바로 명상을 하는 분들이라고 저는 생각합니다.

스스로 자기만이라도 본을 보여주셔야 합니다. 하다못해 쓰레기 처리하는 문제 같은 사소한 일에서도 폐 끼치지 말고 자기 문제는 자기가 해결하고, 자기 집 쓰레기는 자기 집 대문 안에서 다 처리하고 이렇게 하면서 사회에 피해주지 않고 문제를 스스로 해결하는 분들이 수련을 하셨으면, 또 그런 마음자세로 수련을 하셨으면 하는 바람을 가지고 있습니다.

망하지 않는 말세

지금 일어나고 있는 일들을 보면 노스트라다무스의
99년 종말론하고도 전혀 무관하지는 않은 것 같습니다.
어느 정도 일리는 있는 것 같은데요...

문학작품을 보면 종말이라는 얘기가 참 많이 나옵니다. 옛 고전들을 읽어보아도 말세라는 말이 나옵니다. 그 때도 말세였는데 지금도 말세라고 하죠. 그렇게 말세라는 말은 항상 있어왔습니다. 단테의 작품을 읽어 봐도 '말세다, 요즘 아이들은 버릇이 없다' 이런 말도 있더군요. 그 때나 지금이나 애들은 항상 버릇이 없었나 봐요.

'말세' 란 뭐가 무너지고 지구가 망하고 이런 것이 아니라 정신적인 의미입니다. 기존의 가치관이 무너지고 새로운 가치관이 태동되는 시점을 말세라고 하는 것입니다. 지금 기존에 지배하던 가치관들이 힘을 잃고 새로운 가치관이 태동되고 있습니다.

앞으로의 세계는 어떤 세계가 될 것이냐를 여러 각도에서 조명하고 있는데, 어떤 분들은 21세기를 3F의 시대라고 이야기를 합니다.

3F가 뭐냐 하면 'Fiction, Feel, Female' 의 시대를 말합니다. 이때까지 몽상이라는 것은 만화나 영화에서 통용되는 것이었는데 앞으로는 논리보다는 'Fiction' 이 지배하는 시대라고 합니다. 또 모든 면에서 이성이 아니라 'Feel' 즉 감성이 지배하는 시대입니다. 지금 모든 것이 감성 위주로 가고 있잖아요. 오른쪽 뇌와 관련된 것인데, 기계 하나를 만들어도 전부 인공지능으로 되어지고 산업도 과학이나 기존의 고정된 것이 아니라 감성 쪽으로 황당하게 발전되고 있습니다. 또 하나는 'Female' 이라고 해서 여성들이 많은 힘을 발휘하는 시대라는 얘기입니다.

그런 것들이 기존의 가치관하고는 반대되는 일이죠. 그리고 이렇게 보이지 않는 세계에 대해서 관심을 많이 가지게 되어, 전에는 보여야만 믿었는데 지금은 보이지 않아도 사람들이 많이 관심을 가지고 있습니다.

또 기존의 종교들이 힘을 잃고 있습니다. 요즘 매스컴에 보도되는 내용을 보면 종교에 대해서 좋은 쪽보다는 부정적인 견해가 많이 있어요. 과거 10~20년 전만 해도 있을 수 없는 일들입니다.

스님들이 각목 휘두르고 그런 것들이 감히 매스컴에 보도가 될 수 없었어요. 어떻게 언론이 그렇게 대단한, 신도가 천만 이상이 되는 불교의 그런 면을 보일 수 있었겠어요. 못 보였습니다. 그런데 이제는 그런 것을 공공연하게 보여줍니다. 그런 것들이 뭐냐 하면 기존의 것들이 힘을 잃어간다는 말입니다.

정치도 보십시오. 과거에 저는 정치 드라마를 쓰는 입장에서 관련 기록들을 많이 보았는데, 10~20년 전만 해도 기사들이 그렇게 적나라하지 않았어요. 요즘은 정치가를 아주 무자비하게 공격하지 않습니까? 정치가들은 그래도 기득권자인데 기득권이 있는 자들을 감히 그렇게 한다고요. 전에는 그런 것들이 한 귀퉁이에 가십으로 나왔었는데 요즘은 신문의 몇 면을 다 할애해서 정치인들을 공박합니다.

기업가도 마찬가지입니다. 대기업을 어떻게 감히 언론이 상대해서 그렇게 싸울 수 있었어요? 못 했죠. 대기업이란 하나의 왕국이지 않습니까? 그랬는데 이제는 다 파헤치죠. 그분들이 볼 때는 그런 것들을 말세라고 보는 거지요. 어떻게 우리를 이렇게 바지저고리를 만들며 코미디에까지 등장을 시키는가? 언제부터인가 정치가들이 풍자만화 단골이 되었는데 전에는 있을 수가 없는 일이었습니다.

또 아이들이 기를 못 폈는데 이제는 애들이 제왕이잖아요. 이런 것들, 기존의 가치관들이 확 무너지고 새로운 질서가 나온다는 것이 바로 말세라는 얘기이지 지구가 망하고 뭐 이런 뜻은 아닙니다. 말세다 하는 용어들은 대개 정신적인 용어입니다.

첫 번째 때가 오다

지금(2000년)이 후천 시대, 신인(神人) 합일시대로 넘어가는 시점이라는 것을 어떻게 알 수 있습니까?

서기 0년에서 1000년까지는 신본주의 시대라서 신(神)이 득세했던 시기이고 신탁에 의해서 통치를 했습니다. 신의 말씀을 전달하는 사자(使者)들이 왕 위에 있어서 그분들이 신의 말씀을 계시 받아 인간들을 다스렸어요.

1000년에서 2000년까지는 인간들이 신에게 반발하면서 신의 지배를 받지 않고 인간답게 살겠다고 하면서 혁명을 일으켰어요. 르네상스, 종교 개혁 등을 거치면서 인간들이 신 위에 서 보겠다고 우위 다툼을 한 시기로 인본주의 시대라고 하지요.

왜 이렇게 숫자가 딱딱 맞아 떨어지는가 하고 의문을 가지실 수도 있는데 항상 그 주기는 그렇게 끊어지게 되어 있는 것이고, 그 시점에 그런 일을 할 수 있는 사람이 나타나서 주도적으로 일을 합니다.

또 2000년부터는 신인합일 시대로 신과 인간이 서로 대립하고 우열을 겨루는 상태가 아니라 협력해서 같이 이루어 나가는 시대인데 그 징조가 여러 가지로 나타나고 있습니다.

첫째, 깨달음에 대한 것들이 일반화됩니다. 전에는 사람들이 깨달음이라는 것을 남의 일, 나하고는 먼 일, 수도자들만 하는 일이라고만 생각했는데 후천 시대가 되면 나의 일, 나도 할 수 있는 일로 가깝게 느끼게 돼요.

깨달음이 일반화되어 옛날처럼 산 속으로 들어가고 교회 속으로 갇히는 것이 아니라 거리로 나옵니다. 수행하시는 분들이 거리낌 없이 나다니면서 당당하게 시내 한복판에 건물을 얻어 '수련원' 이라고 간판을 달고 사람들과 가까워집니다. 인도 같은 데 가면 거리에 수행자들이 많이 있잖아요.

또 깨달음에 관심 가지는 분들이 많아져서 전에는 이런 일에 종사한다고 하면 이상한 눈으로 보고 아예 나와는 다른 특이한 사람들이라고 여겼는데 이제는 그런 분들을 봐도 옷차림도 비슷하고 별로 차이가 안 나는 거예요. 거리감을 느끼지 않는다고요.

깨달음이라는 것이 가깝게 느껴져서 일반화되다 보면 일반인들도 '나도 한번 깨달아 볼까' 하고 생각합니다. 전에는 사회에서 존

경받는 직업에 종사하고 잘 나가던 분이 다 버리고 수행의 길로 들어선다고 하면 다들 이상한 눈으로 보고 '돌았다'고까지 했는데 요즘은 신문에 보면 법조계에 계시는 분이 법복을 벗고 도나 닦겠다고 했다는 류의 기사가 가끔 눈에 띄더군요.

그런 것이 바로 일반화됐다는 거예요. 다시 말해 깨달음이라는 것이 이미 남의 일이 아니고 나의 일처럼 가깝게 느껴지기 시작한 것이 후천 시대가 오는 한 가지 징후가 되겠습니다.

둘째, 우주인 같은 분들이 많이 나타나시는데 사실 우주인이 나타난 지는 꽤 오래 됐어요. 끊임없이 나타나서 조직적이고 계획적으로 자신들의 존재를 알려 왔습니다. 그분들이 보내오는 메시지가 인간의 의식을 확장시키고 깨달음에 다가가게 하며 기존 종교의 맹점 등을 고도의 영적인 언어로 표현을 해서 전달을 해 줍니다.

그런데 왜 우주인이 한국에는 안 나타나고 서양에 많이 나타나는가 하는 의문을 가진 분들도 계시죠? 서양 사람들은 현실적이고 과학적인 검증이 되어야 믿는 특성이 있어서 눈에 보이는 것만 믿기 때문입니다. 그래서 서양에서는 반드시 모습을 나타내고 사진을 찍게 하는 등 흔적을 남기고 구체적으로 메시지를 전달해 줍니다.

동양 사람들은 신비주의적인 면이 많아서 보이지 않아도 그냥 믿는 특성이 있기 때문에 우주인들이 굳이 자신들의 모습을 보여 줄 필요를 못 느끼는 거예요.

셋째, 기운을 느낄 줄 아는 분들은 전과는 다르게 솥뚜껑같이 묵직하게 백회를 누르는 기운을 느낍니다.

제가 10년쯤 전에 명상을 할 때는 그때도 혈이 다 열렸음에도 불구하고 그런 기운이 아니고 그냥 평범한 기운이었거든요? 지기에 가까운 기운이었는데 점점 시간이 갈수록 우주 기운의 특징인 백회를 누르는 것 같은 육중한 기운으로 느껴지더라고요. 그래서 '아, 때가 되었구나' 하고 느끼기도 했습니다.

넷째, 기존의 과학이나 의학 지식 같은 것으로 풀 수 없는 일들이 많이 나타납니다. 제가 아는 분이 사상 체질 연구하시는 분인데, 사상 체질이란 체질을 태양(太陽), 소양(小陽), 태음(太陰), 소음(小陰)으로 나누는 것으로, 해 기운하고 달 기운만 가지고 구분하는 것입니다.

그 분이 몇 번 제 체질을 테스트했는데 테스트할 때마다 체질이 다르게 나왔어요. 어떤 날은 태양인이라고 했다가 어떤 날은 소음인이라고 했다가 어떤 날은 엉뚱하게도 소양인이라고 했다가 또 태음인이라고 했다가 그랬어요.

테스트가 안 되니까 상당히 당황하면서 어떻게 된 일인가 하고 다른 분들을 또 테스트했더니 그분들도 역시 체질이 구분이 안 가는 거예요. 한마디로 무슨 체질이라고 얘기할 수가 없었어요. 그러니까 도대체 어떻게 된 것이냐고 물어보더라고요.

옛날에는 해 기운하고 달 기운으로만 살았지만 이제는 별 기운

받는 사람이 상당히 많은데 별 기운도 다양해서 북두칠성, 삼태성, 북극성 또는 알 수 없는 별에서 오는 기운도 있어요. 거기다가 또 선계*기운 받죠.

그러니까 체질이 수시로 바뀌는 이유는 요즘에는 해 기운, 달 기운 외에 다른 차원에서 오는 알 수 없는 기운을 받는 사람들이 많아져서 그렇습니다. 또 어떤 별 기운을 주로 받느냐에 따라 다른데 자기가 온 고향별 기운을 주로 많이 받아요.

그런데 그분이 전에 브라질에서 몇 년 동안 개업을 했었는데 브라질 사람들은 체질 구분이 아주 명확하더랍니다. 그런데 여기 한국에 오니까 구분할 수 없는 이상한 사람들이 많다는 거예요.

또 이제는 안테나*를 달고 계신 분들이 많아요. 지금 선계수련 하시는 분들만 해도 백 몇 십 명인데 다 안테나가 있죠. 보통 사람들하고는 틀리단 말이에요.

우주인들이 선계수련 하시는 분들을 보면 안테나가 있다고 굉장히 이상해합니다. 기(氣)적으로 보면 뿔 달린 것 같거든요.

처음에 우주인이 왔을 때 제 몸을 이리저리 들여다보면서 그렇게 신기해하더라고요. 안테나를 가리키며 도대체 뭐냐고 묻고 그랬어요. 이런 것들은 기존의 의학으로는 도저히 설명할 수가 없어요.

---

* 선계(仙界) : 선인(仙人)들이 살고 있는 기적(氣的)인 공간으로 우주를 다스리는 곳이며, 좁은 의미로는 우주계라고 함
* 안테나 : 수련이 깊은 사람의 백회혈에 연결되어 있는 천선(天線), 이것을 통해 우주기운을 받음. 대개의 사람들은 안테나가 없으나 선계수련에 입문을 하면 백회에 연결됨

지구는 원래부터 수련장으로서의 의미가
부여된 별인가요?

책에 누누이 설명되었듯이 지구라는 별은 지구가 속한 은하계에서 수련 목적으로 만들어 놓은 별입니다.

2000년이 지나고 후천 세계가 오면
인간이 신화된다고 하셨는데 처음부터 그러한 별로
자체 예정이 되어 있었던 것인지 궁금합니다.

우선 후천 시대가 된다고 해서 지구에 태어나는 만민이 다 신화되는 것은 아닙니다. 일단 지구에 태어나는 학생들이 있는 한 그 학교는 계속 존속을 하는 거죠. 그리고 졸업을 하면 신화되는 것이고 졸업을 못하면 계속 재수생으로 남아 있게 되는 것입니다.

그러면 신화되지 않은 분들은 어디로 가는 건가요?

그런 분들은 계속 지구를 벗어나지 못하고 영계에서 대기하다가 다시 태어나고 다시 태어나고 합니다. 지구라는 별이 아주 까다로워서 여기에 올 때는 기존의 모든 것을 다 버리고 와야 되는 스케줄입니다.

아무리 전에 선계에서 몇 등급, 몇 등급 하셨던 분이라 할지라도 지구에 태어날 때는 다 버리고 무등급으로 와야 돼요.

또 여기서 공부를 제대로 하지 못해서 자기가 온 차원까지 못 가거나 온 차원에서 더 진화를 못하면 함부로 떠날 수도 없는 스케줄

기회를 잡는 사람 **27**

입니다.

그렇기 때문에 여기만 윤회가 있는 것입니다. 지구 자체가 그렇게 설정이 되어 있습니다.

후천 시대에도 마찬가지입니까?

후천 시대라는 것은 어떤 의미가 있냐 하면 한꺼번에 많은 인간들이 신화될 수 있는 여건이 마련되는 시대가 된다는 말입니다. 후천 시대가 오면 저절로 가만히 있다가 다 같이 덩달아 신화되는 것이 아니에요.

선계나 타별에 선인*들이 굉장히 많이 계시는데, 그분들이 조선 시대 같은 때에 공부하신 분들처럼 일대일로 공부를 하셨다면 그렇게 숫자가 많을 수 없죠.

그렇게 쭉 일대일로 전수를 하다가 어떤 시점에 이르면 그 별의 기적인 조건이 많은 사람들이 영성*이 깨일 수 있는 준비가 되는 때가 있어요.

그럴 때는 기적인 혜택을 많이 받을 수 있고 또 이끌어 줄 수 있는 분들이 나타나기 때문에 노력만 하면 갈 수 있는데 그것이 바로 후천 시대라는 거죠. 어떤 분들이 얘기하듯이 가만히 있다가 후천 시대가 온다고 해서 저절로 되는 것은 아닙니다.

---

* 선인(仙人) : 깨달음을 얻어 우주의 일부가 된 이
* 영성(靈性) : 성을 갈고 닦을 수 있는 기본적인 바탕을 마련해 주는 역할을 함. 지능지수가 가장 비슷한 의미를 지님

구원은 다 개별적으로 오는 것이고 항상 전체 구원은 없어요. 때가 되면 기반이 많이 마련되고 조건이 양호해지지만 인과응보에 의해서 개별적으로 구원되는 것이지 저절로 덩달아 되는 것은 없습니다.

그러면 후천 시대가 되어도 지구는 여전히
수련장으로서의 위치는 가지고 있는 것이죠?

그렇죠. 후천 시대는 한마디로 말씀 드리면 우주의 문이 열린다는 말입니다. 그러니까 우주, 즉 선계가 문을 열고 기운을 보내준다는 뜻입니다. 그 기운의 힘으로 많은 사람들의 영성이 계발될 수 있는 조건을 마련해 주는 거죠.

또 후천 시대에는 그 동안에 윤회를 많이 거듭하다가 이번에야말로 유급하지 않고 졸업을 해야 하는 영들이 많이 태어나게 됩니다. 그렇게 서로 보완이 되어서 진화가 많이 될 수 있게 합니다.

선인들이 배출되는 시기를 살펴보면, 몇 백 년 만에 한 명, 이런 식으로 점점이 맥이 끊이지 않을 정도로만 배출이 되다가 어떤 시점에 오면 아주 많은 수의 인원이 선인이 되는 시기가 있거든요.

그것이 바로 후천 시대입니다. 현 인류의 역사가 문자로 남아 있는 것이 수메르까지 해서 7000년이죠? 7000년의 지구 인류가 맞이하는 첫 번째 후천 시대가 바로 지금입니다.

이제 문이 열렸고 많은 숫자가 노력만 하면 선인이 될 수 있습니다.

제라르 드 빠르디유의 선택

항상 '때' 라는 것이 있어요. 책에도 보면 때에 대해서 많이 말씀을 하셨는데 항상 기회를 잡는 사람이 되어야 합니다. 성경에도 늘 깨어 있으라는 말씀이 있죠? 항상 준비하고 있으라고 하는데 무슨 뜻이냐 하면, 기회가 나의 뜻과는 별개로 늘 그냥 왔다 가더군요. 우주의 섭리는 나의 뜻을 기다려 주지를 않습니다. 그저 내가 그 안에 들어가는 수밖에 없더군요.

우주의 돌아가는 것, 섭리를 알면 내가 거기에 편입을 해야 날 따르라고 할 수는 없어요. 일단 그 '때' 라는 것을 아시면 그 속으로 자기가 들어가는 방법 밖에는 없어요.

시대와 타협하지 못하는 분들이 있습니다. '시대의 희생자' 이런 말도 있는데 지식인들이 흔히 그런 분들이죠. 하지만 사실 시대를 볼 줄 아는 안목이 필요한 거예요.

'제라르 드 빠르디유' 라는 프랑스의 배우가 있어요. 모르시나요? 키 크고 코가 이렇게 크게 생기신 분이죠. 중학교 중퇴하신 분인데 프랑스에서 몸값이 제일 비싼 분이에요. 한 번 출연하면 출연료를 우리나라 돈으로 50억 정도 받는대요.

그분이 외국잡지와 인터뷰한 것을 보았는데, 본인은 작품을 선택할 때 항상 시대를 대변하는 역할, 역사성이 있는 인물이 아니면 안 한다고 그러더군요.

무슨 말인가 하면, 21세기를 눈앞에 두고 있는 이 시점에 사는 사람이 고대인 같은 사고방식을 가지고 시대에 역행하면서 사는 것은 아무 의미가 없다는 거죠.

바로 지금, 제일 좋은 기회

선생님, 에너지를 낭비했다고 하셨는데
어떤 아쉬움이 남는다는 뜻입니까?

제가 말씀드린 것은 엄밀히 말하면 아쉬움이 아니라 제가 명상을 하기 전에 에너지 낭비를 많이 해서 명상을 시작할 무렵에는 완전히 지친 상태였다는 뜻입니다.

너무 많이 소진해서 아주 허약한 상태였기 때문에 몸을 바로잡는 데 시간이 많이 걸렸거든요. 그렇지 않았으면 상당히 좋은 상태, 기운이 장한 상태로 명상을 할 수 있었을 것입니다.

그때는 왜 그렇게들 수퍼우먼을 지향했는지 직장 다니는 사람이 살림 소홀히 하는 것은 절대 용서 못하는 분위기였어요. 게다가 직장 다니면서 늦게 대학원 다녔지, 아주 피곤했어요.

전에 정(精)을 많이 소모하신 분들이 나중에 아주 후회를 하십니다. 정에너지는 72근을 가지고 태어나는데 그것을 다 쓰면 죽습니다. 또 죽을 때 시체에 여섯 내지 일곱 근은 가지고 갑니다. 예를 들어 72근 중에 50근을 소모했다면 20여 근을 가지고 수련을 해 내야 하는 거예요.

명상수련이라는 것이 말할 수 없이 에너지가 많이 필요해서 72근 에너지를 다 가지고 있다가 가동을 해도 갈까 말까 하거든요.

그런데 다 소진된 상태에서 천기를 받은들 천기만 가지고 되는 것이 아닙니다. 자신이 가지고 있는 정에너지를 자꾸 활성화시켜서 해야 되는 거예요. 수련은 자기 자신을 변화시키는 것이기 때문에 자체 내에 동력화시킬 에너지가 있어야 합니다.

나중에 가슴을 치고 후회한들 할 수 없는 거죠. 기운이 딸려서 더 못 갑니다. 그러니 앞으로는 많이 보존을 하시고 허비하는 일은 없도록 하십시오.

항상 '지금'이 제일 좋은 기회예요. 후회를 해 본들 소용없고 '해야겠다'라고 마음먹었을 때부터 시작이거든요. 그 때부터 시작해도 늦지 않습니다. 오늘도 안 하고 더 미루면 또 늦는 거죠. '철야 수련을 할까 말까? 집에 가서 더 생각해 봐야겠다' 이렇게 미루고 미루다가 후회를 많이 해요.

수련의 기회가 닿았는데도 눈에 티가 하나 들어간 것같이 보이지가 않거든요. 눈에 조그만 티라도 하나 들어가면 눈 전체가 안 보이잖아요. 그래서 기회를 놓치곤 하는데 나중에 굉장히 통탄하죠. 그런데 그 때는 왜 안보였는지 모릅니다.

왜 안 보이느냐? 눈에 티가 들어갔으니까 안 보이는 거죠. 옥석을 구분하는 눈만 있어도 반은 가는 거예요. 지혜의 눈이 열린다는 거죠. '이거다!' 하고 붙들면 다시 재보고 망설일 것 없이 그냥 가야 합니다.

젊은 분들은 참 너무 축복이죠. 가다가 얼마나 많이 엎어질지, 또 엎어지면 혼자 일어나지 못하고 옆에서 세워 줘야 일어날지 모르지만 아무튼 무한한 가능성이 있습니다.

절묘한 타이밍에 받아쳐야

사는 것이 다 공부 과정이어서, 언제 어떻게 될지 모릅니다. 매일 시험 보는 입장이고, 시험문제는 안 가르쳐 주잖아요. 불시에 시험을 보게 됩니다. 모두 개별적으로 시험 치르는 일들이 있어요. 거기서 어떻게 하느냐 이런 것이 많이 변수가 됩니다.

타이밍이이 것이 있습니다. 적시에 해야지 백 점이 나오는데 조금 시기를 놓치면 그것 때문에 감점이 되어 오십 점이 나오거나 하죠. 똑 같은 행동을 하는데도, 액션을 취하는 시간이 딱 맞으면 백 점이고, 좀 지나서 하면 점수가 떨어지고 하죠. 적시에 해야 되는 것입니다.

저도 아무렇게나 하는 것 같지만, 아주 적시에 하는 것입니다. 탁구공이 넘어오면 맞아 치고 하는 것과 똑 같은데, 제가 공을 건네는 타이밍이 절묘해요. 아무 때나 그렇게 하지 않습니다.

이쪽에서 공이 건너가면 받아 쳐야 되는데, 못 친다거나, 놓친다거나 딴 데로 친다거나 하는 것이 다 공부여서 어떤 상황에서 어떻게 대처하는가 어떻게 공부를 받아 넘기는가 이런 것을 보는 것입니다.

참 중요한 것이 타이밍입니다. 죽는 것도 간발의 차이로 죽고 살고 하는 거거든요. 열차 사고가 나서 죽는 사람은 그 시간에 거길 지나갔단 말이죠. 그게 아주 우연인 것 같지만 절묘한 타이밍인 거예요.

제가 괌을 갔는데 하마터면 죽을 뻔 했습니다. 드라마를 한참 쓰다가 끝내고 났을 때, 남편과 함께 퇴직한 동료 두 사람과 부부 동반으로 가기로 했습니다. 비행기 예약이니 모든 걸 맡겼는데 KAL을 타기로 했다고 그러더군요. 그런데 어떤 사정이 생기게 되어서 그 전날 아시아나를 타고 가게 되었어요.

밤중에 출발을 하고 새벽에 도착을 해서 잠깐 눈을 붙이는 중이었고, 남자들은 운동을 하러 나갔는데, 그때 막 연기가 치솟더라는 겁니다. 비행기가 폭발해서요.

아주 간발의 차이로 피하게 되었는데, 그때는 매일 같이 본국에서 유족들이 오는 내내 그런 분위기였습니다.

예를 들어 대구 지하철 사고가 났다, 그 시간에 거기 지나가게 되어 있는 사람인데 못 지나가게 하는 겁니다. 전철도 30초, 1분 놓치면 못 타잖아요? 그런데 가다가 누구하고 부딪쳐 갖고 시비가 붙어서 차를 놓치고. 핸드폰이 왔는데 전화가 빨리 안 받아져서 받다가 늦어지고. 이런 저런 방법으로 그 시간을 놓치게 됩니다.

확률상으로 보면 그 시간에 거기 있을 확률이 굉장히 드문 거예요. 백만분의 일 이렇게 되는 것이죠. 대구 지하철 사고가 날 때 그 시간에 거기 있을 확률이 그렇게 없는데, 그렇게 죽는 사람은 죽는 거죠. 그것뿐이 아니라 지진이니 이런 사례들을 보면서 그런 것을 다 하늘에서 주관하는구나, 이런 걸 쭉 보았습니다.

생사가 왔다 갔다 합니다 그 타이밍에. 30초, 1분 그 타이밍에 생사가 왔다 갔다 하는 것이기 때문에.

우리 공부도 굉장히 타이밍이 중요해요. 기차 떠나간 다음에 손 흔들지 마시고, 항상 깨어 있으라고 하는 말씀은, 그 절묘한 타이밍을 놓치지 말아라 그런 이야기입니다.

공부가 그냥 우연히 오는 것이 아니더군요. 항상 고도로 계산되어 오는 것이기 때문에, 적시에 받아치면 공부를 잘 해내어 점수가 높은 것입니다.

째째한 욕심 가지고는

버리면 더 좋은 아이디어가 떠오릅니다. 제가 공부 쭉 하면서 돈 벌 일이 참 많았거든요. 책*에 보면 제가 수련에서 얻어지는 이익을 자꾸 버리면서 가니까 그것이 참 귀하게 여겨졌다는 말씀이 나오는데 바로 그런 점입니다.

전에 풍수지리 배울 때도 간산(看山)*이라고 많이 갔거든요? 음택(陰宅)*을 선택하러 산을 다니는 거예요. 주로 명당자리 많이 보죠. 고관대작들 묏자리를 많이 보는데 어떻게 해서 명당인지 아느냐 하면 실제로 관산을 하는 거예요.

제가 공부한 선생님이 투시를 하는 분이었습니다. 그래서 땅을 척 들여다보고는 3미터 밑에 뭐가 있다는 둥 이런 얘기를 하고 실제로 파보면 그랬거든요. 그러니까 사람들이 놀라는 거죠. 시체가 어떻게 누워 있고 뭐 뼈가 다 없어졌고 이런 식으로 얘기를 하는데 실제 파보면 그렇단 말이예요. 그러니까 시골사람들이 보면 그 얼마나 용한 사람이겠어요?

투시 정도야 이 수련에서는 기본입니다. 가장 초보적인 단계에서 하는 것인데 풍수지리 하는 사람이 보면 땅 속 들여다보는 것처

---

* 『선계에 가고 싶다』
* 간산(看山) : 묏자리를 잡으려고 산을 돌아봄
* 음택(陰宅) : 풍수지리에서 사람 사는 집에 상대하여 '무덤'을 달리 이르는 말

럼 희한한 것은 없죠.

그러니까 이분이 막 주가가 올라서 자리 한 번 잡아주는데 3억이었어요. 그것이 벌써 10년 전 얘기입니다. 그런데 돈 많은 사람들이 그렇게 많더라고요. 헬리콥터로 서로 모셔 가는데 위에서 내려다보고 좋은 자리 다 잡아 줬죠. 그러니 돈을 얼마나 많이 벌겠습니까?

그런데 고관대작들이 기껏 명당을 잡아놓고는 혈자리를 잘못 뉘여서 그렇게 잘 되지가 않더군요. 가계(家系)를 보면 교통사고 당하고 관직에 오래 못 있고 하는 이유들이 전부 명당은 찾았으되 혈자리를 바로 하지 않아서 그래요. 혈을 제대로 찾아서 하면 오래 갑니다.

명당이라는 것은 사람 하나 누울 자리가 명당입니다. 산의 혈자리라는 것이 그래요. 방향도 정확히 있고요. 그러니까 사실 혈자리는 그렇게 많지 않다고요. 명당이지만 그 전체가 다 명당인 것은 아니에요. 명당 중에서 사람 하나가 딱 누울 자리가 명당인 거예요. 혈이라는 것이 그렇잖아요.

그런데 사람들을 데리고 관산을 하러 가서 '여기서 명당, 혈자리에 가서 서 보십시오' 하면 저 혼자 가서 서는 거예요. 그 때는 제가 뭐 투시를 했나요? 잘 모르죠. 저는 기(氣)만 가지고 서는 거예요.

저는 한 1년 정도 이론만 배운 상태였거든요. 반면 다른 사람들은 20년, 30년을 지관을 따라 다녔는데도 모르더라고요. 그래서 '아, 기공부가 이렇게 빠르구나' 하는 것을 제가 알았죠. 그랬더니 그 선생님이 저더러 조수를 하라고 그러셨어요.

그런데 저는 그런 것들이 시덥지 않았거든요. 여러 가지 공부를 하면서 계속 그랬어요. 수지침 배웠을 때도 너무 잘 했고 사주팔자도 이렇게 탁 보면 아니까 참 잘 했죠. 제가 그런 공부 배울 때는 그냥 신문 봐서 찾아가도 다들 그 분야의 대가들이더라고요. 그렇게 공부할 인연이어서 만나졌던 것인데 하여튼 다 우리나라 최고였어요.

침도 이것저것 많이 배웠는데 맥 보는 것도 사실 참 어려워요. 한의들은 맥만 제대로 보면 잘 하는 것입니다. 진맥이 제일 어렵거든요. 그런데 기공부를 해서 한번에 딱 맥을 짚으니까, 하려고만 들면 그것도 돈방석이죠.

하지만 저는 그런 것은 너무 눈에 안 차더군요. 다 시덥지 않고 시시해 보이고 왜 저러고 있나 싶었어요. 그렇지만 그런 분들도 다 필요하니까 그런 역할들을 하고 있는 것입니다. 그리고 알고 보면 제가 오히려 욕심이 많은 것이죠.

그렇게 계속 버리고 오다 보니까 제가 오히려 더 큰 것을 찾은 셈입니다. 사람들은 어느 정도 가다가 어떤 부분으로 트이면 항상 그렇게 차고 나오더라고요. 그래서 많이 못 가고 가지하나 붙들고 나와서 그 쪽 분야의 일가가 되고 그러는데 그런 사람들도 물론 있어야 되는 거예요. 나쁜 사람만 있는 것은 아니잖아요. 다 나름대로 조언해 주고 도와주는 분들입니다.

명상을 쭉 하시다가 그렇게 어떤 방면에 도가 트이고 본인들이 원하는 경우 그렇게 하셔도 돼요. 누구나 다 끝까지 가야 할 필요는 없어요. 예를 들어 의통이 열려서 나는 환자 치료를 하겠다, 그것이 소원이다 그러면 그렇게 하실 수도 있는 거예요. 나쁘지 않죠. 뭐가 나쁘겠어요?

그런데 그렇게 하면 끝까지는 못 가요. 에너지라는 것은 한 번 어느 쪽으로 트이면 계속 그 쪽으로 쓰여 지기 마련이거든요. 그렇기 때문에 일단 그 쪽으로 트이면 의술은 될 수 있어도 도까지는 안 돼요.

일단 본성*을 보고 나서 다시 하면 그때는 의도(醫道)가 되지만 그 전에 어떤 가지하나 붙들고 나와 앉으면 의술이라고요. 뭐 그렇게 하셔도 됩니다. 누구나 다 종착역이 같은 것은 아니기 때문에 그런 쪽으로 하시겠다면 하실 수도 있고 그래요.

그러나 이 도라는 것은 그런 째째한 욕심 가지고는 갈 수가 없습니다. 중간에 얻어지는 작은 것들은 보이지가 않아서 계속 버리고 가고, 버리고 가고 그래야 돼요.

지금도 돈 벌 수 있는 방법들이 참 많이 떠오릅니다. 그런데 항상 어떤 일을 해야 하면 그 일을 할 만큼의 것은 다 주어지더라고요. 필요한 만큼의 에너지, 지혜 같은 것은 그때그때 다 주어진다고요. 그리고 지금 제 일은 공부하면서 수련 지도하는 것이기 때문에 그

---

* 본성(本性) : 누구나 가지고 있는 본래의 자신. 수련으로 도달하고자 하는 곳.

런 쪽에는 마음을 안 쓰죠. 제 관심은 글 쓰고 수련 지도하는 것 외에는 없어요.

원래 자신으로 돌아가고 싶은 분들만

　옛날 2000년 전에 예수께서는 그 때 12제자라는 분들이 너무 무지하고 어떻게 해도 안 믿으니 여기 지상에서 천국을 이룬다고 그러셨습니다. 차별 받지 않는 지상천국을 이룬다면서 세 가지, 즉 여자들이 차별 받지 않는 나라, 이스라엘이 너무 차별 받으니 종족 간에 차별 없는 나라, 또 빈부의 차별 없는 사회를 만들겠다고 내세웠습니다. 그런데 그 따라다닌 분들이 그렇게 되면 다음에 나는 무슨 자리, 누구는 무슨 장관 해야지 이런 것에 현혹되어 따라다닌 것이었습니다.
　그러니 예수를 팔고 그런 것이지요. 그 세계가 이루어지면 나는 뭘 맡겠다 미리 다 생각을 해 놓았는데, 예수님이 하시는 일을 아무리 보아도 싹수가 그렇게 될 것 같지 않으니까 배반한 것입니다.
　그 때 하도 믿지를 않으니까 예수께서 자꾸 이적, 기적들을 보여서 믿게끔 했는데 그렇게 뭘 보여줘서, 어떤 능력을 보여줘서 따라

오는 사람들은 수준이 높다고 볼 수가 없습니다. 더군다나 이 선계 수련은 그런 차원이 아니어서 조건부로 뭘 보여줘서 오고 그런 것이어서는 안 됩니다.

예를 들면 여기서 공부하시다가 의통이 열려 보는 사람마다 치료가 된다면 사람들이 많이 올 수도 있겠지만 그런 사람들을 데려다가 무슨 의미가 있겠는가? 그런 것 하는 데는 여기 말고도 많이 있지요. 여기는 선인이 되고자 하는 곳입니다. 아픈 것은 미리 졸업을 한 단계여야 합니다.

또 천도를 한다면 많이 오시겠지요. 그러나 천도라는 것도 원래의 뜻은 본인들 스스로 깨어서 하는 것입니다. 돈 낸다고 천도시키는 것은 아무런 의미가 없는 거예요. 또 후손들이 이 계통에서 공부를 한다고 후손의 덕으로 본인은 아무 노력도 없는데 천도하는 것도 하늘의 뜻이 아닙니다.

『다큐멘터리 한국의 선인들』에서 서경덕 선인이 천도를 시켜준 것은 그 기준이 본인들은 발전하고자 하는 의지가 있는데 방법을 몰라서 안타까운 분들을 모아서 해드린 것입니다. 무조건 '이 수련하는 분의 조상이니 천도해주십시오' 한다거나 돈을 내면 해주는 것은 아무 의미가 없는 거예요. 그런 것을 바라는 것이 아닙니다.

후손의 정성을 봐서 억지로라도 해드릴 수는 있고, 그렇게 해드림으로써 그분들이 조금 더 깨이기도 합니다. 주변이 다 깨인 데에 가면, 보고 듣는 것이 있잖아요. 그래서 서로에게 영향을 받아서 발전하고자 하는 의지가 생기기도 하는데 원래 천도의 뜻은 그런 것이 아닙니다.

　이와 같은 이유로 사람들을 많이 모을 수 있는 방편은 되도록 쓰지 않습니다. 여기는 아무 것도 주어지지 않아도 오직 맑은 기운을 받고 싶은 분들, 자신의 주변을 깨끗하게 청소하고 정리하고 싶은 분들, 진짜 나의 군더더기를 다 버리고 원래 자신으로 돌아가고 싶은 분들만 오기를 바라는 거예요.

　그러니 여기에 무슨 사람을 끌려고 하는 유인책이 있겠습니까? 유인책을 쓴다면 벌써 어그러진 것입니다. 타락하는 것이라고도 볼 수가 있어요. 되도록이면 그런 방편은 안 쓰려고 합니다.

　조상님들이 많이 모아지면 천도를 해드릴 수도 있죠. 공부하시는 분들이 많이 원하고, 그래야만 한이 풀어져서 공부를 잘 할 수 있겠다면 그럴 수도 있는데 원래 명상단체의 목적은 그런 것들이 아닙니다. 병 고치는 것도 아니고 천도시켜 주는 것도 아니고 오로지 자신들이 깨닫고 싶은 분들만 하기를 원하는 것입니다.

행복을 한번 잡아볼까?

빠지지 말고 그 상황을 바라보십시오.
그 속에서 내 모습을 보고 또 상대방에게서 내 모습을 보아
'어떤 점은 살리고 어떤 점은 없애야겠구나' 하면서 교재로 삼으면
바로 그것이 생명나무가 되는 것입니다.

내 그릇대로

인간에게 최고의 가치 기준은 뭔지요.
누구나 반드시 수련을 열심히 해야 하는 것입니까?
수련은 못하더라도, 기업을 번창하게 해서 수많은 사람을
먹여 살린다면 그것도 중요한 가치를 가지는 것 아닌지요.

그 문제는 보편적이지 않고 다 개인차가 있습니다. 금생에 태어난 목적이 각각 다르기 때문에 일률적으로 한 가지 목적으로 가는 것은 바람직하지 않습니다.

우선 자기 자신을 아는 것이 중요하고 자신의 위치, 할 바를 알고, 또 아는 데서 그치지 않고 실천하고, 실천하면서 자기만 구하는 것이 아니라 주변 사람들까지 이끌 수 있으면 그것을 선이라고 합니다. 선의 확장이라고 하죠.

또 진리를 깨쳐서 사람들에게 진리를 전하고 스스로 진리를 행하는 것은 진리의 확장이라고 합니다. 그리고 인간이 추구해야 하는 아름다움, 행복을 추구해서 주변 사람들에게 알리는 것은 미의 확장이라고 해서 이 세 가지를 다 갖추면 전인이 됩니다.

하늘의 입장은 전인, 즉 진·선·미 세 가지를 다 갖춘 인간이 되기를 바라는 것인데 물론 모든 사람이 그렇게 되기를 기대할 수는 없어요.

자신의 그릇만큼 또는 원하는 바대로 하게 되기 때문에 금생에

할 일도 모두 개별적으로 다르죠. 어떤 일을 하기 위해 태어났는데 다른 일을 하는 것은 바람직하지 않으므로 금생에 본인에게 주어진 대로 맞게 해야 합니다.

예를 들어 미술 시간에 산수 공부를 하는 것이 바람직하지 않듯이 자신이 해야 하는 공부를 정확히 알고 그 공부를 해내는 것이 가장 바람직합니다.

평생 어떤 일에 종사하다가 갑자기 '내가 할 일이 아닌 것 같다'면서 진로를 바꿔서 하고 싶은 일을 하는 분들이 가끔 있죠? 하늘에서는 바로 그런 것을 원하는 것입니다.

진심으로 자신이 원하는 일과 해야 하는 일이 맞아 떨어져서 할 때 스스로도 보람을 느끼고 주변에 덕도 되는 것입니다. 아무리 남들이 칭송하는 일이라 할지라도 자신의 일이 아닌 경우에는 보람도 없고 도움도 되지 않습니다.

업적 위주가 아니라 자신이 진심으로 원하는 일, 해야 하는 일을 찾아 같이 일치시켜서 하는 것이 좋습니다.

악역을 해줘서 고맙다

태평성대가 좋은 점이 있지만 나쁜 점도 있습니다. 지구의 공부 스케줄에 따라서 민중들의 영성이 많이 깨어서 이제는 좀 누려라 하는 시점에는 좋은 정치가가 나오고 공부를 더 해야 하는 시점에는 험한 지도자가 나와서 국민들을 마구 다그치고 시달리게 합니다. 그런데 공부는 폭군이 나올 때 더 많이 됩니다. 아직은 태평성대를 누릴 수 있는 시점은 아니고 한동안 더 고생해야 되는 시기입니다.

개인적으로 공부 스케줄이 정말 괴롭게 가시는 분들이 있잖아요. 주변 여건이나 환경이 너무 괴로워서 정말 인생은 고해다 싶으신 분들은 그것을 오히려 축복이라고 생각하셔야 돼요. 자기 자신에게 문제가 있는 것보다 주변 상황이 안 좋은 것은 정말 다행입니다.

자기 자신이 못나고 부족한 건 어쩔 수 없는 거잖아요. 반면 자기는 괜찮은데 주변 사람들이 힘들게 하는 여건은 차라리 축복이라고요. 그 당시에는 너무 괴롭더라도 공부를 참 많이 시키거든요. 주변 상황 모두가 전부 교재로 필요해서 그런 것입니다.

자기가 못나서 모자라고 못 깨이는 건 어떻게 해 볼 수가 없는데 주변에서 그런 것은 본인의 입장에서 볼 때는 참 다행이라고요. 나를 위해 그렇게 교재로서 애를 쓰는 그 사람들도 너무 괴롭거든요. 사실 악역이라는 것이 좋은 것이 아니어서 본인들도 참 괴롭다고요. 그러니까 나를 위해서 주위 사람들이 저렇게 악역을 맡아서 공부시키려고 하는구나' 라고 생각하면 주변 상황이 그런 것이 고맙죠. 공부하기에 참 좋은 조건이에요.

그것을 어떻게 바라보느냐?

어떤 상황 속에 빠졌을 때는 내가 공부하고 있다고는
전혀 못 느끼고 허우적댑니다. 그런데 그렇게 한번 깨어서
주위를 둘러볼 수 있는 것만으로도 공부가 되는 건가요?
그 상황 속에서 어떻게 처신을 하는 것이
공부를 가장 잘 할 수 있는 방법인지요?

성경에 보면 선악과하고 생명나무가 나오는데 이 선도에서는 그렇게 따로 구분되어 있는 것이 아니라 모두 같아요. 내가 그것을 어떻게 교재로 활용하느냐에 따라 한 나무가 생명나무도 될 수 있고 선악과도 될 수 있다고요. 그것을 따 먹고 내가 죽을 수도 있고 살 수도 있어요.

그러니까 어느 하나를 두고 내가 어떻게 그것을 바라보느냐, 어떻게 교재로 삼느냐에 따라서 달라집니다.

사람은 누구나 선과 악을 한꺼번에 갖고 있습니다. 선한 사람, 악한 사람이 따로 없다고요. 선한 사람 가운데도 악함이 있고 악한 사람 가운데도 한없이 선함이 있을 수 있어요.

따라서 한 사람을 보고 내가 저 사람에게서 어떤 것을 택하느냐, 무엇을 교재로 삼고, 무엇을 배우느냐에 따라 결과가 달라집니다.

아무리 심하게 악역을 하는 사람이라도 내가 어떻게 하느냐에 따라 한없이 좋은, 선한 역할이 될 수 있고 반대로 그냥 악역으로 끝날 수도 있어요. 그러니까 같이 빠져서 허우적거리는 것처럼 불행한 일은 없고 항상 일정한 거리를 두고 바라보는 자세가 되어야 합니다.

한 발 앞서서 바라보는 자세가 되면 무엇에서든지 항상 배울 수 있는데 휩쓸려 들어가서 허우적거리고 같이 늪에 빠지면 실패하는 거죠.

빠지지 말고 그 상황을 바라보십시오. 그 속에서 내 모습을 보고 또 상대방에게서 내 모습을 보아 '어떤 점은 살리고 어떤 점은 없애야겠구나' 하면서 교재로 삼으면 바로 그것이 생명나무가 되는 것입니다.

어찌하다 보면 여러 가지 상황에 빠지게 되고 같이 휩쓸릴 때가 있어요. '단전*을 놓친다' 라고도 표현하는데 그러다가도 다시 자신을 찾고, 제 자리를 찾게 됩니다.

* 단전(丹田) : 한의학에서는 관원혈(關元穴)을 말하나, 정확한 단전의 위치는 우리 몸의 정중심에 자리함. 마음자리가 있어야 할 곳

그러나 공부의 과정 중에 빠져서 계속 허우적거리다 보면 다시는 공부를 못하게 되는 경우도 있습니다. 명상을 한다고 그렇게 순탄하게 인생길을 가는 것은 아니거든요.

어쩌다 보면 자기도 모르게 빠져서 같이 허우적거리는 자신을 발견하게 되는데 그것을 아는 시점에서 다시 일어나야지요. 그 상황에서 빠져 나와야 된다고요.

이 수련하는 환경이 사실은 아주 험해서 공부를 위해서 태어난 사람의 경우에는 주변이 결코 순탄치가 않아요. 계속해서 일을 만드는데 항상 본인이 어떻게 받아들이느냐에 따라서 잘 되기도 하고 후퇴하기도 하고 그렇습니다.

두루 다 보라

책*을 읽다가 '극선(極善)도 좋지 않다'는 글을 읽었는데 이해가 잘 안됩니다.

극악무도한 악질과는 반대로, 분명 좋은 쪽이기는 한데 남을 인

* 『다큐멘터리 한국의 선인들』

정하지 않고 무조건 자기주장만 하는 것을 말합니다. 나만 옳은 거예요. 너무 완고하고 바르다 보니까 남들이 죄를 저지르는 것을 이해조차 못해요. 공부 잘하는 학생 중에 공부 못하는 친구를 보고 도대체 왜 공부를 못하는지 모르겠다고 하는 경우 있죠?

 자기 자신이 너무 선량하고, 악한 마음이라고는 갖지 않고 바르게 행동하기 때문에 도대체 나쁜 마음 쪽이 이해가 안 되는 것입니다. 왜 죄를 저지르는지 이해를 못해요. '내가 법이다, 내 생각이 옳다' 하는 자세 있죠? 그런 상태가 극선입니다.

 저는 항상 중도를 가라고 말씀을 드리는데 중도란 이쪽저쪽을 다 보라는 것입니다.

 지구라는 별 자체가 선과 악이 반반씩 구성되어 있습니다. 사람도 천차만별이라 아주 동물보다 못한 사람부터 신의 경지에 이른 사람까지 고루 섞여 있어서 다 공부의 교재가 되는 것입니다.

 골고루 다 보라는 뜻이거든요. 아래, 위, 옆 두루 다 보되 중도, 가운데로 가십시오. 중도라는 말이 중용이고 도예요. 옳다고 해서 선으로만 가는 것도 한쪽으로 치우치는 것이죠. 중용이 중요합니다.

별로 먼데 있지 않아

중용이라는 것은 싫고 좋은 것이 반반 있는 것입니다. '아, 나는 왜 이렇게 태어났을까? 좀 더 미인이었으면 좋겠다. 부모님이 다 살아계셨으면 좋겠다. 좀 더 지혜로웠으면 좋겠다' 이런 여러 가지가 있을 텐데, 그런데 사람에게는 이런 것들을 반반 주십니다. 신성(神性)과 동물의 속성을 반반 주셔요.

'왜 그렇게 하셨는가?' 이런 말도 있더군요. 인간이 계속 너무나 말썽을 일으키고 그래서 하느님께서 가장 귀한 보물을 어디다가 숨겨놓으셨답니다. 그 보물을 그냥 주려고 하셨는데, 하는 모습을 보니까 괘씸하더래요. 말썽을 일으키더란 말이죠. 그래서 가장 귀한 보물을 어디다 넣어주셨다. 찾을 수 없는 곳에.

그 귀한 보물은 신성이다. 그 신성을 어디다 넣어주셨는가 하면, 마음속에 넣어 주셨다고 그러시는 군요. 왜냐하면 사람들이 마음을 안 들여다보기 때문에 '이건 죽어도 찾을 수 없을 것이다, 마음을 들여다보는 사람만 찾아라' 하고 신성이라는 귀중한 보물을 마음속에다 숨겨놓으셨다는 말도 있습니다. 그렇게 인간은 원래 다 반반입니다. 반은 동물 반은 신 그렇습니다. 같이 있습니다. 중용이에요. 다 가지고 있습니다. 이 사람은 이런 점이 좋고, 이 사람은 이런 점이 나쁘고. 한 사람이 여러 가지를 다 가지고 있는데, 거기서 어떤 점을 끌어내면 그 사람을 사랑하게 되고 어떤 점을 보면 그 사람을 미워하게 되고 그렇습니다. 그래서 '선(善)'이라는 것은 '가운데 중용에서 약간 긍정적인 방향으로 오른쪽으로 가는 것이 '선'이다 그렇게 말씀드린 적이 있죠. 가운데를 가면서 좋고 싫음이 반반이 있는 그 속에서 약간 긍정적으로 가는 것이 그것이 선이다, 착할 선, 그런 말씀을 드린 적도 있습니다. 반반 중에서 자신이 감사하는 것을 끄집어내야 되는 것이죠. 그러면 본인이 행복하고 편안하고 밝고 맑고 따뜻해질 수가 있는데, 같이 있는 데서 감사함을 찾아내지 못하고 원망을 찾아내어서 '하느님 나를 왜 이렇게 낳으셨는가? 부모님은 공부도 못 시킬 거면서 왜 나를 낳으셨는가? 이렇게 저렇게 원망을 하는 한 계속 퇴화할 수밖에 없습니다. 그런데 별로 먼 데 있지 않아요. 중용이라는 것이 같이 있죠. 같이 있는데, 요기서 요걸 끄집어내면 감사이고, 요걸 끄집어내면 원망이다 이런 말씀입니다.

모든 것의 해결책

해결책이 다 거기서 나오더라고요. 일 속에 혹은 호흡 속에 빠져서 해소하는, 두 가지 방법이 가장 좋은 방법이라는 것을 제가 너무 뼈저리게 체험을 했습니다.

간혹 사랑이라든지 다른 데서 찾는 수가 있어요. 그런데 사랑도 최근의 어떤 통계에 보니까 30개월이 간다고 하더군요. 사랑하는 마음이 똑같이 가는 것이 아이 낳고 키우고 그러면서 30개월까지는 최대한 유지가 된대요.

30개월이면 몇 년인가요? 2년하고 6개월쯤 되네요. 그 다음에는 다 변하기 마련이거든요. 안 변하는 것이 이상한 것입니다. 그러니까 참 허망한 일이죠.

또 해결책을 사랑이나 그 밖에 다른 사람에게서 찾는 방법은 업을 짓기가 쉬워서 그렇게 되지 않으려면 상대방의 것까지 내가 다 책임져 줘야 하는 책임이 있어요. 그런데 나도 지금 간수하기 어려운데 어떻게 남까지 책임지겠습니까?

늘 우선 자기 간수를 해야 되요. 책*에 보면 제가 나라의 운명을 걱정하니까 네 걱정이나 하라고 하시는 장면이 있죠? 사실 얼마나 우스우셨겠어요. 그 때만 해도 한참 전이에요.

먼저 자기 걱정을 한 다음에 남을 챙겨야 합니다. 그런데 명상을 해도 자기 걱정은 꽤 오래 가기 때문에 남까지 거두기에는 시간이 참 많이 필요해요.

* 「선계에 가고 싶다」

유능한 사람은 상대에게 맞춘다

저와 여러분들하고는 테니스를 치는 것처럼 제가 공을 던지면 되받아서 저에게 주고 제가 다시 던지면 받아서 치고 하는 관계라고 말씀을 드린 적이 있어요.

제가 볼을 줬는데 저쪽에서 오지 않으면 제가 영원히 다시 맞받아 칠 수 없듯이 제가 일단 공을 던지면 그 다음은 그 사람의 역할이에요.

공부의 과정이란 이처럼 던지면 맞받아 쳐야 되는 과정입니다. 제가 어떤 각도에서 공을 치든 맞받아 칠 수 있어야 수련생이 되시는 거예요. 이렇게 던졌는데 옆으로 튀어 나가면 파울이 되고 저는 이렇게 던졌는데 빗나가서 엉뚱한 쪽으로 받아치면 공부가 안 되는 거예요.

또 수련생 상호간이나 가족 간의 관계는 시소를 타는 관계라고 볼 수가 있습니다. 시소 탈 때 유능한 사람은 항상 상대방에 맞춰 줍니다.

두 사람이 탈 경우 상대가 무거운 사람이면 자기가 조금 뒤로 앉아 무게를 맞춰 주고 상대방이 가벼운 사람이면 앞으로 나와서 앉습니다. 자기가 먼저 앉아서 무게를 잡고 '나를 따라와라' 이렇게 하지를 않고 상대방의 비중에 따라 맞춰 가는 것입니다.

'하늘은 반응한다' 는 말씀을 드리는데 선인들은 먼저 어떤 액션을 취하지 않고 항상 반응을 합니다. 상대방의 파장이 이렇게 오면 거기에 맞게 대응하고, 이 사람에게는 이렇게, 저 사람에게는 저렇게 합니다. 자기를 먼저 내세우고 고집하면서 '나를 따르라' 하지 않아요.

가르치는 방법도 사람마다 다양하지만 공통된 특징은 먼저 '이렇게 해라, 저렇게 해라' 하지를 않는다는 것입니다. 항상 어떻게 하는지 보다가 상대에 따라서 반응합니다. 공부 지도 방법이 수동적이죠.

이 공부에 들어오신 분들은 인간관계에서도 그런 방법을 취하셔야 합니다. 주변의 여건이 내가 원하는 일을 도와주는 분위기도 있고 반대하는 분위기도 있는데 그런 것은 전적으로 본인에게 달렸어요. 지금까지 본인이 어떻게 해왔는가 하는 것이 척도가 되어 주변에서 믿음을 갖기도 하고 불신을 갖기도 하는 거거든요.

그러니까 대응하는 방법도 항상 내가 먼저 시소에 올라타고 거기에 맞춰서 올라타라 하는 것이 아니라 상대방을 먼저 앉힌 다음 거기에 맞춰서 내가 균형을 유지하면서 가야 합니다.

주위 사람과 문제가 생기면 그것이 사실 화두가 되는 것입니다. 그런 문제가 왜 왔는가를 생각하시고 내가 지금 현재 어떤 상황에 처해 있는지도 분별하시고 또 앞으로 어떻게 해야겠는가 하는 것을 계획해서 움직여야 합니다.

생각해 보면 항상 원인은 본인에게 있었음을 알게 됩니다. 예를 들어 가족이나 친구들이 나에게 상당히 우호적이지 않고 빈정거려서 고민이 될 때 한번 원인을 분석해 보시면 대개 본인이 너무 무턱대고 밀고 나간다거나 다른 어떤 면에서 불신을 준 일이 있어요.

그 원인을 찾아내셔야 합니다. 그 다음에 자기가 현재 어떤 입장에 있는지를 냉철하게 잰 후 해결책을 만들어서 개선을 해 나가십시오.

제가 여성개발원 창립 멤버였는데 한 번은 일곱 살 많은 선배하고 팀을 짜서 국제기구에서 하는 연수를 갔었습니다. 여성개발원이 앞으로 어떤 식으로 사업을 전개해 나가야겠다는 청사진을 컴퓨터로 디자인하는 프로그램이었어요.

컴퓨터가 두 사람당 한 대씩 주어졌는데 같이 간 분이 너무 열의가 많아서 컴퓨터를 계속 혼자서만 쓰는 거예요. 저는 할 수 없이 어깨 너머로 보고 있을 수밖에 없었죠.

다른 팀 사람들은 다들 그 선배가 너무 이기적이지 않느냐, 어떻게 저렇게 혼자서만 하느냐고 말을 했어요. 그래도 저는 그 분이 선배인데다 너무 의욕이 많으니까 계속 비켜줄 수밖에 없었는데 사실 마음이 편치가 않았죠.

일주일 정도 있다가 참다못해 나도 컴퓨터 좀 하고 싶다고 얘기를 했습니다. 그랬더니 아주 의외로, 미리 얘기를 하지 그랬느냐고 하면서 양보를 하더라고요.

그분이 스스로 너무 열의가 많다 보니 미처 알아채지를 못했던 거예요. 그 다음부터는 같이 사용을 했죠. 말이 전혀 안 통할 것 같은 사람이었는데 알고 보니 다르더군요. 그래서 '아, 얘기해서 안 되는 일이 없구나' 하고 생각을 했죠.

그런 식으로 미처 상대방이 알아채지를 못해서 오해가 생기는 일이 많습니다. 내 생각 같으면 충분히 상대방이 내 입장을 이해해서 알아서 해 주겠거니 하는데 그렇지 않은 경우가 참 많아요.

특히 가까운 사이일수록 그래서 오해가 생기더군요. '알아서 해 주겠지' 하는데 다 각자 자기 생각에 열중해 있다 보면 미처 생각이 못 미치는 경우가 있습니다.

그 때 일깨워 주고 대화하면 다 해결이 나는 것을 일방적으로 생각해서 자꾸 오해가 자꾸 생기고 오해가 생기다 보면 불신이 쌓여서 점점 벌어지죠.

대화로써 안 되는 일은 없거든요. 차근차근하게 분위기를 만들어 가면서 하면 다 되는데 사람들이 남의 비위 맞추는 것을 참 못하더군요. 특히 수련하시는 분들은 항상 주도권을 자기가 쥐고 '따라 오라' 하는 스타일이에요. 대개 성격이 양성적이고 강해서 나에 맞춰서 따라오라고만 하지 상대방에게 맞춰서 해 주는 분들이 없더라고요.

저는 수련하기 전에 직장에서 따돌림 받는 사람들, 아예 돌려놓은 사람들하고도 친하게 지냈었습니다. 다른 사람들은 저보고 어떻게 그런 사람들하고도 친한지 도저히 이해를 못하겠다고 했어요. 그러면 제가 회색분자냐 하면 그건 아니거든요. 할 말 다 하고 너무 분명했는데 그랬어요.

비결은 딱 하나입니다. 상대방에 맞춰 주면 되거든요. 간단하죠.
다양한 사람들을 상대했지만 이 사람은 이렇게, 저 사람은 저렇게
대하니까 다 되더라고요.

질투도 약

제가 질투심이 많은 편인데,
착한 마음을 가질 수 있게 되었으면 좋겠는데요...

다른 단점은 없고 오로지 시기심만 많은 것처럼 얘기하시는데, 질투심도 없으면 사람입니까? 그거는 나중에 신경 쓰시고요. 질투해서 그 사람처럼 되면 되는 거죠.

지금은 악착같이 이루어야 되기 때문에 질투심을 원동력으로 사용하시면 되는 겁니다. 약으로 삼아서 우뚝 일어서면 그 다음에는 질투할 필요가 없어지거든요.

무엇이든 어떻게 쓰면 독이 되고 어떻게 쓰면 약이 된다 하는 말씀도 있잖아요. 지금은 질투심이 독이 되어서 괴롭지만, 약으로 쓰면 되거든요.

그래서 내가 질투하는 대상만큼 되면 되는 겁니다. 그 때는 질투

할 필요가 없어지는 거죠. 약으로 쓰십시오.

기 싸움 하지 마라

누기(漏氣) 되는 통로가 또 어떤 것이 있습니까?

갈등이나 스트레스에 의해서도 많이 손기(損氣)가 됩니다. 갈등이라는 것은 기 싸움을 하는 것입니다. 둘 중 하나가 지면 갈등이 안 생기는데 대립해 있을 때 갈등이 생기고, 또 한 사람의 몸 안에서도 두 가지 생각이 대립되어 있을 때 갈등이 생기는 것입니다. 특히 아주 강한 두 개의 요소가 대립되어 있을 때 기 싸움 하느라고 갈등이 생기고 에너지가 많이 소모됩니다.

그러니 부부간에라도 갈등이 있을 때는 져주십시오. 자기 자신을 위해서 대립하지 말라는 겁니다. 왜냐하면 싸우면 우선 자기가 손해입니다. 수련이면 수련, 이렇게 절대 못 진다는 것 하나만 남겨 놓고 다 져주시고 봐주십시오.

다 이기겠다고 하면 안 되죠. 가급적 불필요한 에너지는 쓰지 마시고 져주면서, 꼭 하고자 하는 것만 하시면 되는 것입니다.

'가정이 있다'는 것만으로

 자기 자신에게서 부족한 부분이 없는 사람의 경우는 그 옆에 있는 사람들에게서 부족한 면이 나타납니다. 자기 자신은 뭐 나무랄 점이 없고 여러 가지 다 갖춘 경우에 옆을 보면 반드시 옆에 있는 사람이 고생을 시킨다든지 그렇게 하는데 그것도 역시 또 축복이죠.
 본인에게 문제가 있는 것보다는 참 좋은 것이거든요. 자신이 모자라게 태어난 것보다는 옆 사람이 그러는 것은 오히려 괜찮은 거예요. 주변 사람들의 부족한 부분을 보고 교훈 삼아 공부하라는 얘기거든요.
 그러니까 그런 부족한 부분에 대해서 빨리 수용을 하세요. 끝끝내 놓지 않으면 계속 힘들어집니다. 공부도 힘들어지고 사는 것도 힘들어지고 그래요.
 예를 들어 가족 운이 별로이고 그다지 취할 것이 없다고 하여도 적어도 '가정이 있다'라고 남에게 얘기할 수 있다는 것만으로도 괜찮은 것이잖아요. 지금 한국 사회에서 가정이 있다는 것이 유리하면 유리했지 불리하지는 않은 것이니까요. 점차 변해가고는 있지만 아직은 혼자 살아가기에는 오히려 더 힘든 상황이죠. 그러니까 그렇게 구색을 맞추는 정도밖에는 취할 것이 없다고 해도 없는 것보다는 좋은 것입니다.

이혼? 할 수도 있겠죠

우리나라는 대체로 이혼을 금하는 쪽이죠. 법 윤리가 이혼을 조장하는 쪽이 아니라고요. 그런데 이 세상에 태어나서 아주 힘든 상대를 만나 어떻게 하든 결혼생활을 해야 하는 숙제가 있는 사람이 아닌 경우에는 이혼을 할 수도 있어요.

저는 이혼 자체를 그렇게 나쁘다고 보지는 않아요. 왜냐하면 처음에 결혼할 때는 보는 안목들이 많이 부족해서 실수로 선택하기가 쉽고, 또 우리 사회가 부모가 맺어준 쌍이 많아서 아무리 살아 보려고 해도 안 되는 경우가 있잖아요.

그런데 '금생에는 그렇게 한번 살아 봐라, 적을 만나서 끝끝내 살아 봐라' 이런 숙제를 가지고 태어난 사람도 있어요. 그런 사람들은 어떻게 하든 살아내야 합니다. 그런데 그렇지 않은 경우에, 에너지를 뺄 필요는 없거든요. 그럴 때는 이혼을 할 수도 있습니다.

이와 같이 하늘에서 볼 때는, 이혼이 된다, 안 된다 이렇게 정해 놓지는 않았어요. 사람에 따라 늘 정상 참작이 있는 거예요. 그래서 '그만큼 했으면 됐다' 하는 경우도 있고 '끝끝내 더 해야 된다' 하는 경우도 있어요.

그래서 살아 보다가 끝끝내 안 될 때, 공부를 해야 되는데 공부에 너무너무 방해가 되고 에너지를 많이 빼앗고 스트레스 주고 그러면 이혼을 할 수도 있는데, 그 할 수 있는 조건이 몇 가지가 있어요.

첫째, 업을 남기지 말아야 합니다. 그리고 잘 납득이 되는 선에서 이해시키면서 해야지 원수처럼 헤어지면 안 되는 거예요. 또 아이들 문제도 있어요. 아이들이 그 부부 사이에서 자라는 것보다는 이혼해서 다른 가정에서 자라는 것이 더 낫다고 판단될 때, 또 아이들 쪽에서도 충분히 납득이 되는 선에서는 이혼이 됩니다.

제가 전에 무슨 단편 드라마를 쓰면서 '이혼 반지' 라는 말을 쓴 적이 있었어요. 헤어질 때 우리는 늘 원수처럼 헤어지는데, 결혼할 때 결혼반지를 끼듯이 이혼할 때도 이혼 반지를 해서 나눠 끼면서 상대방의 더 나은 삶을 축복해 주자는 뜻의 얘기였어요.

그러고 보니 지금 선생님이 이혼하라고 그러시나 하는 생각 하시는 분 있어요? 말해 놓고 보니까 걱정되는데…. 되도록이면 반듯하게 살아주는 것을 좋아하죠. 지금 한국 사회에서 이혼했다고 하면 죄인은 아니지만 그래도 왠지 또 당당하지가 않잖아요.

그런데 이 도의 입장에서 볼 때는 이혼이 그렇게 범죄는 아니라는 얘기죠. 도의 길에서 너무 어긋날 때는 그렇게 헤어질 수도 있다, 단 '업을 남기지 말아야 한다' 그런 얘기입니다.

힘이 되는 사람, 짐이 되는 사람

살아가시면서 어떻게 하면 힘이 되고 어떻게 하면 짐이 되는가? 힘은 에너지를 말하고 짐은 부담이 되는 것이죠. 짐이 된다는 것은 독자적으로 기능을 못해서 타인에게 기대어서 생활하는 것을 말합니다.

힘이 되는 사람은 자신에게뿐 아니라 서로에게 도움이 되는데 짐이 되는 사람은 부담이 됩니다. 이 수련이 혼자 가기도 어려운 길인데 옆에 기대서 가는 사람까지 있으면 아주 힘들어요.

자신의 위치를 한 번씩 돌아보고 내가 나 자신에게 힘이 되는가, 짐이 되는가, 또 주변 사람들에게 힘이 되는가, 짐이 되는가를 한 번 점검을 했으면 좋겠습니다. 본인이 능력을 갖추면 힘이 되는 것이고 갖추지 못하면 짐이 되지요.

힘이 되어야 합니다. 그런 것이 노력 여하에 따라서 마음 하나로 다 되는 것입니다.

종이 한 장 차이에요. 생각 한번 잘못 먹으면 짐이 되고 방향을 잘 틀면 힘이 되는데 가장 중요한 것은 '스스로가 자신에게 힘이 되는가, 짐이 되는가' 입니다.

내가 내 머리로 감당하지 못할 만큼 너무 많은 생각을 지고 있는가, 또 내 몸이 감당치 못할 만큼 많은 욕구를 가지고 있는가를 늘 생각해 보시고 또 주변 사람을 향해서도 한번 같은 의문을 가져 보시기 바랍니다. 내가 부인에게 또는 남편에게 힘이 되는가, 짐이 되는가 생각해 보시고 또 아래위로 가족 관계에서도 생각해 보십시오.

자신이 '짐이 된다'라고 생각하시면 우선 갖추려는 노력을 해 보세요. 상대방에게 요구하기보다 먼저 자신을 갖추는 일에 열중해야 될 줄 압니다. '힘이 된다'라고 생각하시면 힘을 더 길러서 나 자신뿐 아니라 주변에도 힘이 될 수 있도록 하십시오.

어떻게 하면 힘이 되는가?

첫째, 힘이 되는 것은 맑음입니다. 맑음이라는 것은 우주에서 가장 가치 있는 덕목입니다. 맑음으로서 영성(靈性)의 우열을 가리는 기준이 되기 때문에 맑아져야 합니다.

맑아진 다음에는 누구에게나 힘이 됩니다. 명상을 하게 되면 기준이 청탁(淸濁)으로 구분되기 때문에 아무리 지식이나 돈이 많고 권력이 높은 사람이 만나자고 해도 탁하면 피하게 됩니다.

또 아무것도 없어도 맑은 사람이 만나자고 하면 상당히 반갑고 즐겁습니다.

맑은 사람과 대화라도 잠시 하고 나면 괜히 가슴이 후련해지고 머리가 맑아지기 때문에 자꾸 주위에 사람이 모입니다. 하루 종일 열 사람하고 전화 통화를 했으면 열 사람을 그 순간이라도 정화시켜 주는 거예요. 그래서 맑음만으로도 선을 베푸는 일이 됩니다.

맑지 않은 사람들은 늘 '나는 짐이 되고 있다'라고 생각하면 됩니다. '누군가에게, 나보다 더 맑은 사람에게 내가 짐이 되고 있다' 이렇게 생각하시고 맑아지려고 노력을 하셔야 합니다. 탁기를 아무리 많이 받아도 별로 피해를 느끼지 않게 될 때까지는 상당히 오래 걸립니다.

탁기의 해는 이루 말할 수가 없어요. 그런 것을 청정하게 만들어 주는 그런 역할을 하니까 그 자체만으로 소임을 다하는 것이고 사실 그 일만으로도 힘이 듭니다.

사회에서 보는 기준이 아니라 맑은 사람은 만나는 사람마다 그 맑음으로 인해서 도움이 되고 탁한 사람은 아무리 많이 가지고 있어도 그 존재하는 자체만으로 주변에 해악을 끼치기 때문에 짐이 된다고 볼 수가 있습니다.

둘째, 힘이 되는 것은 밝음입니다. 밝아야 합니다. 밝음이란 마음이 무겁지 않고 가벼운 상태를 말합니다. 자신만 가벼운 것이 아니라 그 가벼움으로 인해 주변 사람들까지 날아갈 것 같은 분위기를 갖게 하면 주변 사람에게 힘이 됩니다.

제가 옛날에 명상을 할 때 한동안 상당히 마음이 어두웠습니다.

세상 걱정 다 짊어진 것처럼 다 끊고 무거운 마음으로 앉아서 명상을 하고 그랬거든요. 그때는 그것이 높은 차원인 줄 알았어요. 그래서 웃지도 않고 무게도 잡고 있었는데 공부를 하다 보니까 가벼운 것이 더 차원이 높다는 것을 알게 됐습니다.

대개 명상수련에 입문할 때쯤 되면 고민에 빠져서 심각해집니다. 사방을 둘러봐도 갈 곳이 없고 마음에 드는 것이 없고, 막다른 골목에 빠져서 수련밖에는 할 수 없는 상황이 됩니다. '사방이 막히면 하늘을 보라' 는 말이 있듯이 그렇게 절박한 상황까지 자의 반 타의반으로 몰고 가서 수련을 하게 되는 경우가 많이 있습니다.

저도 명상을 시작할 즈음에는 상당히 무거운 상태였는데 수련하면서 늘 '왜 이렇게 기운이 안 들어오느냐?' 하는 소리를 많이 했습니다.

사실 기운이라는 것이 매일 지속적으로 들어오려면 상당히 오래 걸리거든요. 그런데 처음에 저는 항상 하려고만 하면 기운이 쫙 들어오는 줄 알았어요. 그래서 며칠 잘 되다가 또 안 되면 왜 이렇게 기운을 안 보내 주시느냐고 투정을 하기도 했거든요.

그런데 하루는 말씀을 하시기를 스스로 안 받으려고 하면서 뭘 그렇게 떼를 쓰느냐고 그러셨어요.

무슨 말씀이신가 했더니 어느 날 '하늘에 태양이 가득하고 빛을 주려고 애를 쓰는데 구름이 잔뜩 껴 있으면 어떻게 빛을 보내겠느냐' 라고 하시더군요.

그래서 알아채고 구름을 거두었죠. 제 마음 상태가 늘 구름이 끼어 있고 어둡고 무겁게 가라앉아 있는 상태였기 때문에 제가 받지를 못한 거였어요. 햇빛이 들어올 수가 없었다고요.

어떤 때는 하늘의 관심을 받고 늘 일거일동을 체크 받는 것이 너무 부담스러워서 안 받으려고 우산으로 가리기도 했었어요. 그러니까 저한테 원인이 있었던 거죠. 마음이 늘 맑지가 않았기 때문이었어요.

하늘을 우러러 부끄러움이 없어야 하는데 뭔가 가리고 싶은 마음이 있었던 거예요. 하늘이 좀 안 봤으면 좋겠고 나만 혼자 아는 영역이 있었으면 좋겠다고 생각했던 적도 있었어요. 그런데 그렇게 늘 구름이 끼어 있는 상태에서는 기운을 아무리 주고 싶어도 못 줍니다.

탁기도 싫지만 아주 무겁게 가라앉아서 남들까지 무겁고 침울한 분위기로 만드는 사람들이 있습니다. 대개 자기도취에 빠져 있어서 본인은 그런 줄을 몰라요.

'나는 이렇게 무게 있는 사람이다', '나는 이렇게 심각한 사람이다' 하는 것을 즐깁니다. '나는 이렇게 호락호락하고 가벼운 사람이 아니다' 라는 자세입니다.

그런데 공부를 해 보니까 가벼움이라는 것이 무거운 것보다 훨씬 차원이 높은 거더군요. 자신 있는 사람들은 가볍습니다. 마음이 날아갈 것처럼 가벼워요.

반면 자신이 없는 사람은 주위를 무겁게 내리누르죠. 만약 내가 마음이 무겁다면, 또 나뿐 아니라 주변 사람들까지 내가 짓누른다면 '나는 짐이 되고 있다'라고 생각하시면 돼요. 표정 하나만 봐도, 또 표정까지 갈 것 없이 이 기운의 세계는 기만 느껴도 무겁고 가벼운 것을 금방 알지 않나요.

밝아지십시오. 밝음 자체가 힘이 되는 것입니다. 어떤 이유로든 항상 구름이 끼어 있는 상태에서 벗어나시고 자꾸 밝아지려는 노력을 하십시오. 노력하면 다 됩니다.

만약 어떤 좋지 않은 습관이 고쳐지지 않는다면 사실은 고치고 싶지 않기 때문에 그런 것입니다. 은근히 그런 상태를 좋아하는 것이죠.

스스로 어두운 것을 좋아하는 마음을 고치고 밝음을 지향하면 주변 사람들에게 태양과 같은 존재가 되어 힘이 될 수 있습니다.

셋째, 따뜻함입니다. 따뜻한 마음, 따뜻한 시각을 가지면 주변 사람에게 힘이 됩니다. 비정한 사람, 사물을 보는 시각이 너무 냉정해서 비판적인 사람들은 좌측으로 기울어진 것입니다.

그런 사람들은 매사에 어긋나고 냉소적입니다. 자기가 하면 다 잘할 텐데 남들이 한 것은 잘한 것이 하나도 없어요. 말 한 마디라도 격려하고 살고 싶게 만드는 사람이 되어야 하는데 열심히 살려고 하는 사람의 맥이 쭉 빠지게 합니다.

시각은 긍정적으로 되어 있어야 합니다. 옆 사람이 힘들어할 때는 말 한마디라도 거들어서 힘이 되어 주어야지 힘들어하고 있는데 거기다가 자꾸 더 힘들게 하면 바로 짐이 되는 것입니다.

대개 명상을 한다고 하여 처음부터 따뜻해지기는 어려워요. 명상을 하는 과정이 그렇습니다. 따뜻함이라는 것이 참 차원이 높아서 처음에 하다보면 기존의 판단 기준이 무너지고 거부감이 들기 시작해요. 다 무너지고 새로 정립할 때까지는 한참 혼돈기가 있거든요.

전에 옳다고 굳세게 믿었던 것들의 가치가 흔들리면서 혼돈스러운 상태가 되다가 그 다음에 아주 차가워집니다. 마음이 얼어붙는 상태, 냉성이 돼요. 그러다가 다시 점점 따뜻한 상태가 되는 것이 정석입니다.

순서는 처음에는 뜨거워서 사회에 대한 열정 같은 것이 막 타오르다가 식으면서 기준이 무너지고, 차가워지고 비판적으로 되다가 거기서부터 점점 다시 애정이 솟는 것입니다.

사물을 다른 시각으로 보게 됩니다. 뜨거웠다가 점점 식어서 미지근한 상태가 되는 것이 아니에요.

사실 힘이 되고 짐이 되는 것은 경제적인 면보다는 마음입니다. 남에게 빚을 지는 것도 마음 때문에 빚을 지는 것이고 은혜를 베푸는 것도 마음 때문에 그래요.

살면서 아주 고맙게 느끼는 것들이 그렇게 큰 것이 아니에요. 힘들고 괴로울 때 줄 수 있는 따뜻한 말 한 마디, 정성들인 따뜻한 밥 한 공기입니다. 거지가 왔는데 찬밥을 툭 주는 것이 아니라 밥을 새로 지어서 상에 받쳐서 대접을 하면 그렇게 감격스럽고 잊지 못하는 것입니다.

그렇게 마음 한 조각 베풀면 힘이 되는데 그런 점에 인색해서 못하고 돈으로 환산하려고 하잖아요?

인생은 원래 답답한 것

이번 생에는 어떤 공부를 위해 태어나고

그 공부를 다 마치면 또 다음 생에는 다음 과정이 있고

그렇게 여러 생을 거쳐서 공부하게 되어 있습니다.

왜 몇 생을 되풀이 할까?

책*에서 우주의 목적이 진화(進化)라고 하셨는데 금생에 겪은
일의 결과가 바로 나타나면 공부가 더 빨리 될 것 같은데
왜 굳이 여러 생에 거쳐서 결과가 띄엄띄엄 나타나는지요?

한 번 태어나서 여러 가지 공부를 다 하지는 않아요. 한 번 태어나서는 대개 한두 가지 공부를 하게 됩니다. 영이 진화를 하고 선인이 되기 위해 공부할 과정이 굉장히 많아서 한 생에 전부 마칠 수는 없어요. 이번 생에는 어떤 공부를 위해 태어나고 그 공부를 마치면 또 다음 생에는 다음 과정이 있고 그렇게 여러 생을 거쳐서 공부하게 되어 있습니다.

그런데 만약 한 생에 태어나서 그 사람이 해야 할 공부를 다 하지 못하면 그것이 다음 생에도 이어집니다.

수련 과정은 우선 도(道)를 공부할 수 있는 기반을 조성하기 위해 처음에 기를 공부하고 어느 정도가 지나서 기적인 기반 조성이 다 되면 각자 금생에 태어난 목적에 따라 해야 할 공부를 하게 됩니다. 그 때부터는 개인별로 과정이 좀 틀립니다. 만일 금생에 해야 하는 공부를 넘지 못하면 다음 생에도 그것이 계속 반복되면서 기필코 그 과정을 넘도록 하고 더 이상 다음 과정으로 진입을 안

---

* 『다큐멘터리 한국의 선인들』

시킵니다.

어떤 분들은 어떤 한 가지 공부를 못해서 계속 몇 생을 되풀이하는데, 대개 지나치게 편협하다든지 고집이 강하면 중용을 알 때까지 같은 과정을 되풀이하는 경우가 많습니다.

사람마다 다른 스케줄

『한국의 선인들』책에 보면, 처음에는 누구나 다 어느 경지까지
올라가는 것이 아니라 하늘의 스케줄대로 어떤 사람은
이 정도까지밖에 못 가고 또 어떤 사람은 저 정도까지밖에
못 간다고 되어 있는데 6권의 본성에게 묻는 장면에서는
자기의 정성만큼, 자기가 하는 만큼 갈 수 있다고 하시더군요.
무엇이 다른 것입니까?

왜 그렇게 말씀을 다르게 하시느냐 하면 말씀하시는 대상이나 상황에 따라 답이 다르기 때문입니다. 가령 '이혼해도 됩니까?' 라는 질문도 어떤 사람이 물어보면 '절대 안 된다' 라고 말씀하시고 또 다른 사람이 물어보면 '해도 된다' 라고 답변하십니다.

공부 스케줄이 다 다르기 때문에 금생에 해야 하는 공부도 다릅

니다. 이 사람은 이런 공부를 하기 위해 태어났는데 또 저 사람은 저런 공부를 하기 위해 태어났단 말입니다. 만약 어떤 사람이 결혼해서 적수를 만나 참으면서 잘 살아보라는 공부를 하기 위해 태어났다고 해 보세요. 그런 경우 그 사람은 그것이 금생의 공부이기 때문에 살아 내어야 하고 '이혼해도 됩니까?' 하고 물어보면 '절대 안 된다' 라고 하십니다.

마찬가지로 스케줄에 관한 얘기도 사람마다 틀린데 우선 선인이 되면 스케줄을 내 마음대로 조절할 수 있게 됩니다.

선인이 되어 선계에 입문을 하면 예를 들어 '다음 생에 지구에 태어나서 공부를 할 것이냐 아니면 다른 별에서 공부를 할 것이냐' 에서부터 시작해서 '부모를 누구로 할 것이냐', '시기를 언제로 할 것이냐', '장소를 어디로 할 것이냐' 에 이르기까지 모든 공부 스케줄을 전부 자의에 의해 선택할 수 있는 권한이 주어진다는 말입니다.

만일에 선인이 되기 전 단계에서 재출생을 해야 되면 그때는 피동적인 관계가 되는 거예요. 자기의 의사는 없이 이때까지 살아온 결과에 따라 '다음 생은 어디에 태어나서 고생 좀 해 봐라' 하면 따라야 합니다.

선인이 되고자 노력하는 것은 바로 내 인생을 내 마음대로 하기 위해서입니다. 피동적인 관계가 아니라 자율적인 관계가 되기 위한 것입니다.

1%가 좌우한다

만일에 선인이 되면 지구에 내려가서 공부를 하려고 할 때 스케줄을 정해 나오는 것도 마음대로 할 수 있습니다.

금생에 아주 고난도의 수련을 해야겠다고 하면 스케줄을 50%, 50% 반반으로 해서 수련을 할 수 있는 여건을 50% 만들고 또 아예 수련을 할 수 없는 여건을 50% 만들어서 시소 타듯이 아슬아슬하게 정해서 나올 수도 있어요. 또 95%를 수련 스케줄로 하고 나머지 5%만 인간적으로 사는 방향으로 해서 확실하게 공부 위주로 선택할 수도 있습니다.

수련의 비율이 크게 정해지지 않을수록, 예를 들어 95대 5보다는 50대 50이 훨씬 힘들어지는 거죠. 왜냐하면 변수가 많기 때문입니다.

다 정해 가지고 나오면 그 길로 그냥 쭉 가게 됩니다. 천재 바이올리니스트 같은 사람들을 보면 거의 태어나서부터 자기 길을 알아서 이탈을 안 하고 그 길로 쭉 내닫잖아요. 그런 경우는 태어날 때 이미 길을 정해서 나오는 거예요.

사람마다 다 경우가 틀려서 또 어떤 사람은 위태위태한 상황으로 내려와서 한참 헤매다가 생이 끝날 무렵에야 자기 길을 알아서 가는 경우도 있습니다. 따라서 일률적으로 말씀 드리기는 어렵습니다.

남사고 선인께서는 스케줄조차도 다 인간의 힘으로 될 수 있다고 하셨어요. 못한다고 생각하기 때문에 안 되는 것이지 심지어는 태어나고 죽는 것까지 다 인간의 힘으로 할 수 있다고 하셨습니다.

'자유 의지'라는 것이 상당히 중요해서 95%를 정해서 나오고 5%만 자유 의지를 가지고 나왔다 하더라도 그 5%의 변수가 굉장히 크거든요. 그것만 가지고도 인생을 좌지우지 할 수가 있습니다.

그러니까 비율만 가지고 따질 것이 아니죠. 1% 가지고도 어긋날 수가 있고 1%의 가능성만 가지고도 기회를 잡을 수도 있어요.

오로지 마음 하나

개운법 수련은 손끝, 발끝까지 자신의 몸에 관심을 가지고 기운을 보내고 바로잡고, 자신의 운명에 대하여 처음으로 관심을 가지고 두뇌선, 생명선, 감정선 같은 것에까지 관심을 갖고 바로 잡아 보고, 또 오장육부 구석구석을 기운으로 한 번씩 쓸어주면서 관심을 가지는 수련입니다.

마음으로 자신의 운명을 조절한다는 것은 불교에서 '일체유심조'라고 하는데 개운법은 바로 어떻게 하면 마음먹은 대로 운명이 조절되는가를 구체적으로 생각해 보는 수련입니다. '마음으로 모든 것이 다 된다' 라고 하면 너무 막연한데 이 수련을 통해 마음으로 실제 자신의 운명 지어진 내용들을 한 번씩 다 생각해 본 거예요.

마음먹은 대로 조절하고 강하게 마음 속에 입력해서 앞으로는 부여받은 대로 하지 않고 자신의 주도로 인생을 설계해 나가겠다고 하는 수련입니다.

개운은 여러 가지 방법으로 하는 수가 있는데 제일 차원이 높은 방법은 심법(心法)이죠. 마음 하나로 운명을 조절하는 것인데 그것이 바로 개운법입니다. 사주나 역학 하시는 분들은 개운의 방법으로 풍수지리 등의 방법을 쓰기도 합니다.

풍수지리가 바로 일종의 개운법이에요. 자신에게 어떤 기운이 맞는지 또 어떤 기운이 나쁜지를 가려내서 쓰는 방법이 바로 풍수지리거든요.

예를 들어 몸에 수기가 많은 사람은 수기가 적은 곳을 찾아가면서 사는 식으로 환경을 개선하는 거예요. 몸에 바람 기운이 많은 사람은 그것을 상쇄할 수 있는 기운을 찾아가는 거예요.

또 화기가 많은 사람은 화기를 극(克)해 줄 수 있는 수기를 가까이 두는 거예요. 간단한 예로 집안에 큰 어항이라든가 수족관, 분수 같은 것이라도 갖다 두고 자기 몸에 맞는 조건을 만드는 것입니다.

또 금기운이 부족한 사람은 금반지를 낀다거나 금목걸이를 하거나 해서 몸에 쇠붙이를 지니면 됩니다. 화기가 약한 사람들은 몸을 따뜻하게 하고 햇볕 잘 드는 곳에서 살고 그렇게 조절해 가는 것이 풍수지리입니다.

그러나 자기 마음에 힘이 붙어서 심력(心力)이 생기면 굳이 그렇게 일일이 찾아가면서 하지 않더라도 마음 하나로 다 조절할 수 있습니다. 운명까지도 마음 하나로 조절할 수 있어요.

사람이 쭉 살아가다 보면 이런 일, 저런 일을 다 겪게 되어 있잖아요. 일 년 열두 달이 다 좋을 수는 없어요. 아무리 금년에 운세가 좋다고 해도 금년 중에 반드시 어떤 달은 좋고 어떤 달은 나쁘고 그렇습니다. 50%는 좋고 50%는 나빠요.

그런데 내가 어떤 쪽으로 관심을 갖느냐에 따라 금년이 참 좋을 수도 있고 나쁠 수도 있는 것입니다. 예를 들어서 관직에 계시는 분들은 관직을 그만 두면 퇴직금을 많이 타잖아요. 한꺼번에 목돈이 굴러 들어온다고요.

그런데 사주보는 사람은 '올해는 참 재운이 있습니다' 라고 얘기합니다. 월급쟁이가 재운이 있을 턱이 없죠. 바로 퇴직금 얘기라고요.

그래서 관직에 뜻을 두고 있는 사람에게는 아주 나쁜 해일 수도 있지만 돈을 좋아하는 사람, 목돈이 생기면 뭔가를 해 보려고 했던 사람에게는 그보다 좋은 해가 없다고요. 그러니까 어떤 쪽으로 내가 관심을 가지느냐에 따라서 좋은 운, 나쁜 운이 있는 것입니다.

사주에서는 개운의 방법으로 어떤 방법을 쓰느냐 하면, 예를 들어 사주 팔자상 금년에 내가 송사에 걸릴 일이 있다고 합시다. 그럴 때는 일부러 세금 같은 것을 안 내어서 연체료를 내고 때우거나 교통 법규에 걸려서 아주 가볍게 상쇄를 시킵니다.

우습게 생각될 수도 있는데 그렇게 하면 실제로 넘어갑니다. 만약에 금년에 죽을 운이거나 병이 들어 고생을 할 운세라면 그런 사람은 미리 수술을 하는 거예요. 평소에 하려고 했던 수술을 하거나 점이나 사마귀라도 빼는 거라고요. 그런 식으로라도 몸에 칼을 대면 때워집니다. 그런 것이 사주, 역학 하시는 분들이 권하는 방법들입니다.

또 오행 중에 부족한 기운을 보충해 주는 것을 몸에 지니거나 몸에 글자 같은 것을 쓴 부적을 지니게 하는 방법도 있습니다.

예를 들면 화기가 굉장히 많아서 사주에 평생 한두 번은 불이 나게 되어 있는 사람의 경우에는 수(水)라고 글자를 써서 어려서부터 몸에 지니고 다녀요. 그렇게 하면 상쇄가 됩니다. 또 벽에다 수(水)라고 써서 거꾸로 붙여 놓습니다. 물이라는 것은 아래로 흐르잖아요. 그 밖에도 여러 가지 방법이 있는데 수련하시는 분들은 그런 얕은 방법으로 개운을 할 것이 아니라 마음 하나로 그렇게 하십시오.

정리하면 개운법 수련은 자신의 운명에 대하여 일단 관심을 가지고 마음 하나로 운명을 바꿀 수 있는 힘을 기르는 수련법입니다. 다음 시간부터는 오장육부의 기운을 충실히 하고 각 장부에 고루 기운을 보내 축기하는 육기조화 수련을 하겠으니 마음을 새롭게 하고 와 주셨으면 합니다.

'아픔'을 통해서 깨닫는 선물

최근에 제가 장영희 교수의 글을 인용하면서 너무나 좋아했는데, 바로 그 얘기에요. 그 분이 한 살 때부터 소아마비을 앓았습니다. 그래서 40여년 살아오면서 많이 깨달았습니다. 불구라는 것 때문에.

특히 무엇을 깨달았는가 하면, '생명은 소중한 것' 이것을 깨달았답니다. 두발로 디딜 수만 있다면 행복하다, 살아있다는 것은 행복하다, 기침을 하면서 재채기 한 번을 하면서도 통증을 느끼지 않고 재채기 한 번만 할 수 있으면 행복하다, 왜? 살아있기 때문에...

살아있다는 것은 모든 가능성이죠. 할 수 있다는 것입니다. 이것도 할 수 있고, 저것도 할 수 있고 모든 가능성이 열려 있는데, 죽으면 못 하는 것이잖아요?

그러니 살아있다는 것만으로도 너무 고맙다. 그것을 절절하게 깨달았는데, 그렇게 충분히 깨달았는데, 최근에 암이 재발되면서 더욱 깨달았습니다.

사람은 살다 보면 잊어버리곤 합니다. 한 번 깨달았다가도 세월이 좀 지나면 그걸 잊어버리고 다시 또 감사함을 모르는데, 그 분의 경우에는 아마 그렇게 나온 스케줄일 것입니다.

감사함을 알기 위해서 혹독한 시련을 주는데, 그것이 완전히 자기 것으로 됐다면 그런 공부를 또 안 할 텐데, 아마 순간 잊어버리고 방심했을 수도 있어요. 그렇게 하니 확실하게 깨닫도록 하기 위해서 또 선물을 주신 것이죠.

'암이 저주다' 이렇게 생각할 수도 있지만, 깨달음을 원하는 분들에게는 암을 통해서 생명이 소중하다는 것을 깨달을 수 있다면, 본인이 아픔을 통해서 만물에 감사한다는 것을, 부모님께 감사한다는 것을, 주변에 감사하는 그런 것을 알 수 있다면 그것은 저주가 아니라 선물이 되는 것입니다.

중요한 공부의 교재, 질병

죽을 때는 사전에 고지하지 않습니다. 혹시 죽을병에 걸리신 분들이 있을 수도 있는데 미리 고지를 안 해요. 죽을 때 그 사람의 질병을 대하는 마음가짐, 죽음을 대하는 마음가짐 등이 굉장히 큰 변수이기 때문에 미리 알리지 않고 어떻게 하는가 보는 것입니다. 수련 안으로 들어오면 매사가 수련이거든요.

질병이라는 것이 굉장히 중요한 공부의 교재이기 때문에 질병을 대하는 마음가짐이 중요합니다. 마음가짐에 따라서 병을 이겨낼 수도 있고 거기에 치여서 오히려 더 악화될 수도 있습니다. 그래서 몸의 병을 지니고 있는 경우 거기에 대한 그 사람의 마음가짐이 어떤가를 보기 위해 결정적인 순간이 되기 전까지는 미리 본인의 상태에 대해 이야기하지 않습니다.

질병에 대해 제가 간혹 병이 어느 정도 진전됐고 몇 %가 퍼졌다, 혹은 수술을 해야 되고 안 해야 된다는 등의 이야기를 미리 알려 주는 경우도 있지만 본인에게 일부러 병을 안 알리는 수가 있습니다.

수련 중에 자기 몸을 점검하는 수련을 하잖아요. 그럴 때 미세하게 자기 몸을 보아서 스스로 찾아내야 합니다.

순리에 따라

아무리 부정적으로 가는 것 같아도 그렇지 않아요.

항상 중간입니다.

이쪽저쪽이 다 있되 그 방향은 정(正)의 방향으로 잡혀 있어요.

흐름을 알아야

일 년 중에서도 계절적으로 다 해당 오행이 있습니다.

봄에는 목의 기운, 여름에는 화의 기운이 많고 또 장하(長夏)라고 하는 아주 더운 한여름에는 토기운이 많이 지배를 하게 돼요. 또 가을에는 금기운이 지배하고 겨울에는 수기운이 지배하기 때문에 계절에 따라서 각 장부에 드러나는 병이 다릅니다.

봄이 되면 간이나 담의 병이 많이 드러나고 여름에는 심장병, 소장병이 많아집니다. 또 한여름에는 소화가 잘 안 되는 증상 등이 많아지고, 가을에는 폐, 대장의 병, 겨울에는 신, 방광의 병이 주로 드러나게 됩니다.

또 하루 중에도 각각 오행이 지배하는 시간이 있어서 아침에 일어나기 힘든 사람들은 대개 화기운이 약한 사람들이에요. 그런 분들은 오전 동안에는 거의 비몽사몽간에 지내시는 데 바로 심, 소장이 약한 분들입니다.

한낮에 굉장히 힘들다 하는 분은 토, 즉 위장이나 비장에 문제가 있는 분들이고 오후에 나른하고 만사가 귀찮고 힘든 분은 폐, 대장이 약한 분이에요. 또 초저녁, 해가 뉘엿뉘엿 질 때 아주 힘들어 하는 분은 신, 방광에 좀 이상이 있는 분이고 밤이 지나 새벽녘에 막 진땀 흘리고 괴로워하는 분은 목 기운, 즉 간장, 담장에 문제가 있는 분입니다.

그래서 본인의 싸이클에 따라 하루 동안에도 아침에는 맥을 못 추다가도 오후에는 살아나서 쌩쌩해지고 그런 것입니다. 그러니 그때그때 운기에 따라서 각자가 약한 장부를 보강하시면 됩니다.

겨울은 원래 음(陰)을 많이 보전해야 하는 계절이기 때문에 겨울철의 생활 리듬은 일찍 자고 늦게 일어나는 것이 맞습니다. 밤 시간 동안에 음을 많이 보전하도록 활동을 하지 않는 것입니다.

그러면 그 시간 동안에 계속 자야 하느냐 하면, 그런 것은 아니고 너무 동적이지 않은, 정적인 생활을 하는 거예요. 가만히 앉아서 수련을 한다거나 하면 됩니다.

겨울 동안에 음을 많이 보전해야만 여름에 양이 활발하게 움직이거든요. 대개 보리 같은 것도 겨울에 추우면 훨씬 더 잘 자라듯이 겨울은 원래 추워야 하는 것입니다. 겨울이 추우면 이듬해 농사가 잘 됩니다. 겨울에 따뜻해서 겨울인지 아닌지 할 정도면 음이 잘 보전되지 않았기 때문에 이듬해 여름에 반영이 되거든요.

사람도 마찬가지로 겨울에는 음을 많이 보전해야 하는 시기이기 때문에 활동을 줄이고 비교적 정적인 생활을 많이 해야 하므로 사실 겨울은 수련의 계절이라고 볼 수가 있어요.

반대로 여름은 일찍 일어나고 늦게 자고, 낮 시간 동안 계속 활동을 하면서 양을 많이 발산하는 계절입니다. 여름에 활동을 많이 해야 겨울에 음을 많이 보전하게 되거든요. 또 봄, 가을에는 적당하게 반반씩 하시면 됩니다.

그래서 겨울에 밤중에 돌아다니고 기를 많이 소진하면 그 이듬

해 일 년 지내기가 상당히 어렵습니다. 음기를 보전하고 비축을 해
두어야 거기서부터 양이 제 기능을 발휘하게 되거든요. 이 점을 염
두에 두시고 생활 리듬을 운영하시기 바랍니다.

기어가는 벌레가 부럽다

　명상을 하다 보면, 먼저 내가 너무나 하찮은 존재라는 것을 깨닫
습니다. 아주 무력하죠. 무력해서 내가 할 수 있는 일은 아무 것도
없습니다. 나는 아무 것도 없습니다. 생사여탈권이 전혀 없어요.
태어나는 것도 내 맘대로 안 되고, 죽는 것도 내 맘대로 안 되는 거
예요.
　제가 지금 빠져죽는다고 결코 죽어지지가 않아요.
　그러니까 태어난 것도 내 의지가 아니고, 죽는 것도 내 의지가 아
닙니다.
　처음과 끝이 그렇단 말이죠. 중간은 말할 것도 없는 거예요. 내가
아프고 싶어서 아프고, 늙고 싶어서 늙고, 이런 것이 아닙니다.
　아픈 것도 자기에게 원인이 있어요. 아프게끔 자기가 몰고 간 것
도 있고 또 공부로서 주어진 게 있습니다. 자기도 모르게, 영문도

모르게. 아주 몸 공부를 심하게 하는 사람이 있고, 마음공부를 심하게 하는 사람이 있고 그렇습니다.
 그런데 가장 취약점을 건드립니다. 취약한 부분이 뭔가, 그 사람의 아주 그 취약한 부분.
 링에서 권투 시합할 때, 상대방이 취약한 면을 공격해오면 일찍 쓰러지지 않습니까. 바로 그 취약한 면을 알기 때문에 그것을 공격합니다. 그래서 몸이 취약한 분은 계속 몸공부, 마음이 취약하신 분은 마음공부, 마음의 어떤 부분이 취약하여 왔다갔다 하는 분은 계속 그 공부 쪽을 겨냥하십시오.
 일단 큰 적을 처부숴야 나머지 작은 적들이 물리쳐지거든요. 이 선계수련의 방법은 먼저 작은 적을 물리치게 하지 않습니다. 그 사람이 가장 중요하게 여기는 것을 먼저 처부숩니다. 그 공부가 안 끝나면 다른 공부를 못합니다. 그러니까 계속 그것을 공격하시는 거예요. 몇 년이 걸리든 간에.

 제가 죽음에 대한 공부를 할 때, 기운이 하나도 안 남아있었습니다. 손 끝에 치약 짤 기운도 없는 거예요. 그렇게 무력화시킨 상태에서 아무리 내가 뭘 할려고 해도 안 되는 거죠. 나한테 어떤 공격이 들어오면 내가 이겨야 되는데, 이길 힘이 없는 거예요. 힘이 있어야 이기죠. 그 분들이 기운을 쥐고 있는데.
 기운이 내 기운입니까? 사실 기운 자체가 주어지고, 주고 가는 그런 기운이지, 내 기운이 아닌 거예요.

밥 먹고 기운 차리면 그건 지기란 말이에요, 지기. 지기일 뿐인데, 지기가 생명을 좌우하지는 않습니다. 항상 '명'은 우주기, 천기에서 거둬가는 것이 명이기 때문에, 지기하고는 상관이 없어요. 지기라는 것은 살아있는 동안 살아있도록 영양섭취하면 되는 거지, 생명에 관한 결정권을 쥐고 있는 건 아니라고요.

지기가 다 없어진다고 해도, 천기가 공급되면 살아있는 겁니다. 우주기도 공급되면 살아있는 것이고 명하고는 상관없습니다. 그냥 누워있는 거죠, 식물인간이 되어서.

'명'을 주관하는 것은 하늘입니다. 우주. 살렸다 죽였다 하는 것... 명만 쥐고 기운을 모두 뺍니다. 그러면 아무 것도 못하는 것이죠. 그렇게 무력한 존재입니다. 그렇게 몇 번씩 공격을 당하고 나면, 기어가는 벌레가 부러울 정도예요. 벌레가 기어가잖아요, 기어가고 뒤집기도 하는데, 그게 너무나 부러울 정도라니까요. 그렇게 무력해지는 것입니다.

과학이 할 수 없는 것

요즘 유전공학이 발전해서 생명을 조작하고 있지 않습니까.
그런데 다른 종류의 생물을 접합시켜서 제 3의 생물이 나오고
그런 일을 어떻게 봐야 하는지요. 좋은 일일까요?

사람들은 좋은 쪽으로 한다고 하지만 상업적인 이유가 많이 들어가 있어요. 아주 피치 못하게 유전자 변형을 해야 될 경우가 아니면 좋지 않습니다. 의학적인 목적이 아니라 상업적인 목적으로 많이 하기 때문입니다.

유전자 조작한 것은 원래의 것보다는 나쁘죠. 하여튼 신의 영역을 침범해 들어가는 것인데 제 생각에는 안 하는 것이 좋다고 봅니다. 제일 중요한 것은 물질이 아니라 영(靈)적인 면인데, 영혼이라든가 그런 것은 과학으로 할 수 없고 DNA도 과학으로 할 수 있는 것이 있고 없는 것이 있어요.

복제양 돌리 같은 것도 많이 만들 수가 없는 것이 양이라는 것, 동물의 특성을 구분 지어주는 것은 영이거든요. 그런데 영은 그렇게 인간의 힘으로 무한대로 늘릴 수가 없어요. 그러니깐 영이 빠진 양이 탄생되는 것이죠. 한둘 정도는 들어갈 수가 있겠지만.

영이라는 것은 하늘에서 연결되는 것이어서, 영이 분리되고 복합될 수는 있어도 한계가 있어요. 많이 허용하지 않습니다. 복합 영이나 분리 영도 있을 수 있는데 무한정으로 하지는 않고, 조물주

입장에서 반드시 의학적인 측면이라든지 이런 분야에서 필요한 경우에만 허용합니다.

그렇기 때문에 인간이 돌리를 아무리 많이 만들어낸다 하더라도 한둘까지는 허용이 되는데 그 이상은 영이 없는 동물이 되는 것이죠. 혼이 빠진 동물이 되는 거예요. 몇 달 있다가 불구가 드러나게 되므로 더 이상 인간들이 거기에 대해서 시도를 하지 않게 되죠.

사람의 경우도 마찬가지입니다. 영은 조물주의 영역이어서 하늘에서 연결이 돼야 하는 것이지, 인간의 힘으로 영을 그렇게 많이 분리시킬 수가 없습니다. 그러니까 인간들이 그런 일을 계속 한다면 영이 없는 아이가 나오게 되죠.

겉보기에는 다 사람이니까 처음에는 모르는데, 몇 달 지나면 금방 불구가 드러나게 됩니다. 영이 없는 인간이기 때문에 그런 식으로 되는 것이죠.

그러면 자연히 안 하게 될 거라는 말씀이신지요?

지금은 시험 단계이고 과학자들이 시행착오를 많이 하고 있고 성공한 것처럼 보여지기도 합니다. 그러나 어느 정도까지 성공할 수는 있어도 제일 중요한 핵을 주지 않기 때문에 더 이상은 창조를 못하게 되죠.

자연으로 돌아가라

요즘은 시골에도 지관을 하시는 분들이 잘 없더군요.

예, 그런데 지금 우리나라에 명당이 거의 없어요. 하여튼 수련하시는 분들은 화장하는 것을 주변 분들에게 권하십시오. 화장이 제일 좋습니다. 명당이 거의 없을뿐더러 지금 기후가 자꾸 변하잖아요.

천재라는 것은 땅을 가려서 오는 것이 아니에요. 라니냐, 엘니뇨 이런 것들은 무차별 공격입니다. 언제 어떻게 될지 몰라서 지금은 땅만 보면 안 된다는 것이죠. 하늘의 뜻이 더 중요하죠.

저는 부모님을 화장한 후에 뼛가루를
모셔 놓았는데 옳은 것인지요?

그냥 자연으로 돌아가는 것이 제일 좋죠. 요즘은 홍수 같은 재해가 무차별하게 닥치기 때문에 무덤도 다 파헤쳐지고 해서 잘못하면 망신을 당하기 쉽습니다. 땅 속에 묻혀서 망신을 당하는 거예요. 그런데 그렇게 할 필요가 있겠어요?

다 그냥 자연으로 돌아가는 것이 제일 좋아요. 재를 땅에 뿌리든, 물에 뿌리든 자연으로 빨리 돌아가는 것이 제일 좋지요.

땅 속에 묻히면 그 기가 없어지는 기간이 한 100년 가요. 3대 제사 지내는 이유가 그것입니다. 그래서 100년 정도는 자신의 기운이 땅 속에 남아있기 때문에 다시 환생을 못합니다. 기운이 완전히 정리되어야만 다시 환생하거든요.

그런데 공부를 더 해야 되는 사람들은 빨리 태어나야 하잖아요. 특히 영계의 하층부에 있을수록 빨리 태어나야 합니다. 빨리 태어나서 또 공부하고 또 공부하고 그래야 되는데, 매장을 하면 100년은 그냥 묶여 있는 거예요. 나오고 싶어도 못 나옵니다. 왜냐하면 자기 흔적이 있기 때문이에요. 그것이 다 소멸되어야 나오거든요. 그러니까 진화에도 도움이 안 되죠.

그런데 후손들의 입장에서 너무 아무것도
안 남으면 허전하지는 않을까요?...

유품이 있잖아요. 고인의 소지품이나 그런 것이 있으면 됐지, 달리 어떻게 할 필요가 있겠는가 싶습니다.

고인들의 입장에서는 감정적인 연도 빨리 정리하는 것이 좋거든요. 자신의 물건이 어디에 부분이라도 남아 있으면 정리가 더디게 돼요. 가족들하고의 연도 빨리 끊는 것이 좋습니다. 안 그러면 못 올라가게 되죠. 자기 물건이 어디 있으면 그 쪽으로 자꾸 마음이 쓰이죠. 그래서 자꾸 뒤돌아보게 됩니다.

화장(火葬)이 빠르니까

제일 좋아하는 것은 화장이에요. 티벳에서 하는 조장(鳥葬)같은 것이 바로 바로 윤회가 되잖아요. 새에 먹히면 그 새가 죽어서 어떤 동물에게 먹혀요. 사자한테 먹혔다 그러면 사자에서 다음으로, 다음으로 또 사람으로 윤회를 하고 그러는 것입니다. 영성이 어느 정도 있기 때문에, 새에게 도움이 되고, 새가 또 코끼리한테 먹히면 코끼리한테 도움이 되고 이렇게 되서 조금씩 도움을 줄 수가 있는데.

사실 우리 문화가 바로 그렇게 되는 것을 너무 끔찍하다고 생각하죠. 아직은 그렇게 되려면 한 백 년쯤 있어야 될 것 같습니다.

옛날에 고인돌 위에 올려놓으면 새가 와서 먹든지 했지만, 지금은 조상님들을 생각하는 민족인데, 시신을 그렇게 했다 하면 정말 대단할 거예요. 그렇죠? 정서가.

제일 빠른 방법은 보시도 해가면서 그렇게 하는 거잖아요. 자기 몸을 공양해가면서.

그런데 그 다음 방법으로 풍장 얘기도 하시는데, 그것도 시간은 좀 걸리는 같아요. 놔두면 그냥 바람에 흩어지는 것을 말하는데, 그렇게 모실 장소도 마땅치 않고 누가 보면 정말 끔찍하지 않겠어요. 그렇죠?

그래서 제일 좋은 방법이 화장인데, 화장하면 시체 속에 남아있는 일곱 근의 기가 없기 때문에 빨리 정리가 되죠. 기에 어느 정도 파장이 숨어 있어요. 그러니까 묘지 잘못 쓰면 계속 자신과 같은 기운의 동기감응을 일으켜서 영향을 미친다고 그러잖습니까. 그 일곱 근 가지고.

그런데 찌꺼기를 다 없애고 화장을 해서 뿌린다거나 하면 금방 없어져서 기운이 자연에 흩어지고 그런 애증이 없어지는 거죠. 다 정리가 되니까. 그게 진화가 빠릅니다. 싸이클이 빠릅니다.

다시 태어나려고 해도, 자기 일부분이 어딘가에 남아있어서 기운이 있단 말이에요. 남아있는 기운이 어딘가에 묻혀서 찌꺼기가 있는 한은 빨리 정리가 안 돼요. 그 시체가 다 없어져서 될 때까지는, 시체에 남아있는 기운이 다 없어질 때까지는 한 백 년 걸린다고 그러는군요.

그러니 백 년 동안은 다시 태어나지를 않아요. 소멸될 때 까지는. 그 생명체에 가지고 있는 기록 있잖아요. 마음속에 가지고 있는 기억들, 이런 것들이 다 없어지기 전에는 다시 태어나는데 제외된다고요. 빨리 정리가 되어야만 태어납니다.

그런 면에서 화장이 제일 좋다는 얘기죠. '화장해서 뿌리면 도대체 어디에 흩어져서 계신지 모르면 너무 애석하다' 그러면 납골묘를 만들어 그곳에 계신다고 위안을 삼는 것이 좋지 않겠는가 이렇게 생각을 합니다.

혼백이 혼은, 땅에 흩어지고, 영은 하늘로 올라가고 백은 산화된다고 그래요. 산화. 땅에 가는 게 아니고. 흩어진다고 그럽니다. 혼

순리에 따라 97

은 땅으로 가고, 백은 흩어진다고 그러는데, 흩어지는 면에서도 몸을 없애면 빨리 흩어져요.

그런데 화장을 해도 조금씩은 기운이 남아있다고 그러는군요. 이 뼈에. 유골에. 뿌리면 완전히 없어지는데, 다 호흡을 통해서 없어지는데, 뼈가 단지 안에 모셔지고 그러면 어느 정도의 기간이 될 때까지는 그 기운이 좀 남아 있다고 그러는군요. 아주 미세하지만.

제일 좋은 방향은 그냥 뿌리는 것인데, 너무 애석하다면 또 단지에 모실 수도 있다는 얘기죠.

'인간'이라는 순리에 맞추어

전에 어느 분이 인도의 요기들은 밥을 먹었는지 안 먹었는지도 모를 정도로 비몽사몽의 상태로 있다는데 과연 사실이냐고 질문을 하더라고요. 그렇습니다. 도가나 요가는 그런 상태를 지향하는 것이죠.

도가에서는 무병장수하고 끝내는 우화등선(羽化登仙)*하는 것이 수련의 목표이고 요기들은 아무런 욕심도 없는 비몽사몽의 상태, 무중력 상태를 지향합니다.

그런데 우리 명상은 그런 것을 지향하는 것이 아닙니다. 인간으로 있을 때 철저하게 인간화되고 종래에는 신화되어서 선인이 되고자 하는 과정이기 때문에, 인간으로 있을 때는 철저하게 인간적으로 사는 것이 좋습니다. 몸을 가지고 있으니까 열심히 먹고 열심히 자고 그렇게 인간적인 삶에 충실하십시오.

죽으면 그렇게 무중력 상태, 비몽사몽의 상태가 되는데 굳이 짧은 60평생을 사는 동안에 그렇게 있을 이유가 없거든요.

기(氣)적인 상태라는 것이 그렇게, 있는지 없는지 모르는 혼미한 상태입니다. 그렇게 밥을 먹었는지 안 먹었는지, 내 몸이 있는지 없는지도 모르는 상태가 될 텐데 굳이 이 짧은 목숨 받아 나와서 그런 상태로 있으면 무슨 의미가 있겠습니까?

목숨을 받아 나온 이상 인간의 이점을 최대한 활용해서 철저히 인간적인 삶에 충실하십시오.

해야 할 공부를 마치면 그렇게 오래 살지도 않아요. 금생에 자기가 해야 할 일을 다 하고나면 굳이 오래 살 이유가 없어요. 이순신 장군같이 스스로 죽는 방법, 즉 적의 칼을 맞아 죽느냐, 혹은 자결하느냐 하는 것도 선택할 수 있는데 보다 교훈적인 방법을 선택해서 남들에게 귀감이 될 수도 있어요.

살아 있을 때 철저하게 열심히 살고, 공부 깨끗이 끝내고 그 다음

---

* 우화등선(羽化登仙): 사람이 신선이 되어 하늘로 올라감을 말함. 우화(羽化)는 몸 전체가 기화(氣化)하므로 좀 더 이승의 상태에 가까운 상태로 갈 수 있는 것이나 완전 기화가 되지 않으므로 바람직스러운 것은 아님

에는 더 미련 두지 말고 가는 것이 좋습니다. 늙어서 수염 기르고 지팡이 짚고 오래 살고 있으면 뭐합니까?

　우리가 지향해야 할 것은 공부할 때 철저히 건강하게 공부하고 사명을 다했으면 가고, 또 가되 주위 사람들에게 부담주지 않고 교훈적인 죽음의 방식을 택해서 가면 되는 것이지 살아서부터 미리 비몽사몽 하는 상태로 있을 필요가 없어요.

　죽으면 어차피 몇 천 년, 몇 만 년을 그렇게 기적인 상태로 있게 됩니다. 그러니 우화등선할 필요가 없어요. 지향하는 바가 그런 것이 아닙니다.

지구는 정(正)의 방향으로

선생님, 『다큐멘터리 한국의 선인들』 6권에 보면 '지금 지구가 제 방향대로 가고 있다' 이런 말씀이 있는데 맞는 것인가요? 지금 지구가 제대로 방향을 잡고 가고 있는 건가요?

시각의 차이인데요. 아닌 쪽으로 보면 굉장히 위험하기 짝이 없고 좋은 쪽으로 보면 그래도 살 만한 곳이고 그렇습니다. 어느 쪽으로 보느냐에 따라 달라요.

지금도 본인의 생활이 즐겁지 않은 분들은 저러다 금방 어떻게 될 것 같고 이 세상이 꼭 망해가는 것 같지요. 반면 '살 만하다' 하고 즐겁게 보는 사람들도 참 많습니다.

본인이 어느 쪽으로 보느냐가 문제죠. 자기 생활이 행복하지 않은 분들은 항상 무슨 일이 일어나기를 바랍니다. 평화시대를 견디지 못해요. 늘 '세상이 뒤집어졌으면 좋겠다. 지진이라도 났으면 좋겠다. 혁명이라도 났으면 좋겠다' 이렇게 바랍니다. 태평성대를 견디지 못하는 거예요. 본인들이 감정적으로 평온하지 않고 자꾸 일을 저지르고 싶은 분들이죠. 그런 분들이 많으면 그런 쪽으로 갑니다. 바라는 대로 되기 때문이에요.

그런데 그런 분만 있는 게 아니라 반대로 '아, 이런 상태가 계속 유지됐으면 좋겠다' 하는 분들도 많아요. '세상 참 살 맛나고 너무너무 재미있다' 이런 분도 많다고요. 그렇게 반반입니다.

항상 주도하는 분들은 앞서가는 분들이잖아요. 선계에서나 우주인들도 역사를 주도하는 분들은 방향을 좋은 쪽으로 틀려고 계속 노력하고 있기 때문에 아무리 부정적으로 가는 것 같아도 그렇지 않아요. 항상 중간입니다. 이쪽저쪽이 다 있되 그 방향은 정(正)의 방향으로 잡혀 있어요. 망해 가는 쪽으로 가는 것 같이 보여도 그렇게 되는 의도는 다분히 경고, 각성시키는 수준이지 실제로 그렇게 가도록 내버려두지 않습니다.

안 보이는 99% 이야기

보이지 않는 세계가 99%고 1%가 보이는 세계입니다.
그 중 생물성이 3~5개인데, 그 많은 우주에 별들 가운데
그렇다는 것은 살아 있는, 살아 숨쉬는, 움직이는 세계가
많지 않다는 것을 나타내는 것이죠.

바쁘고 치열한 별

보이지 않는 세계가 99%고 1%가 보이는 세계입니다. 그 중 생물성이 3~5개인데, 그 많은 우주에 별들 가운데 그렇다는 것은 살아있는, 살아 숨쉬는, 움직이는 세계가 많지 않다는 것을 나타내는 것이죠.

1%에 지나지 않는데 그 1%가 99%의 진화에는 결정적인 역할을 담당하는 1%입니다. 99% 보이지 않는 세계인데 1% 보이는 세계에 살고 있다는 것이, 99%의 진화에 원동력이 될 수 있는 에너지원이라는 것을 기억을 해 주십시오.

보이는 세계가 1%에 지나지 않다 보니까 인간들은 우주의 섭리에 의해서 움직입니다. 결정권은 모두 99%에서 가지고 있습니다. 보이는 세계는 1%에 지나지 않기 때문에 그 나머지 99%가 모든 결정권을? 다 가지고 있다고요.

진화하는 섭리 이런 결정권을 다 가지고 있기 때문에 인간들은 그 우주의 뜻에, 우주의 뜻을 알아서 같은 우주의 일원으로서 움직이는 것이죠.

우주에서, 보이지 않는 세계에서 보면 지구가 마치 전쟁터인 것처럼 여기가 복잡하다고요.

많은 파장이 공존하고 많은 생물들이 여기 있기 때문에, 생물 뿐 아니라 그 생물들 보다 더 많은 기적인 인간들이니 기적인 동물들이니 하는 기의 세계가 여기 같이 섞여 있고 그렇게 다양한 파장을 발산하는 별이기 때문에 여기에서의 움직임이 뉴스거리가 된다는 말씀입니다.

여기 들어오신 분들 중 우주인들이 많이 나타나기 시작을 하셨죠. 대개 지구인도 많이 있으셨는데, 우주인들이 많이 유학을 하러 오셔 계십니다. 앞으로 들어오실 분들은 더 많은 유학생들이 있으실 겁니다.

대개 기반 잡아 놓는 것은 본토박이들이 하지 않습니까? 기반이 다 잡힌 곳으로 유학을 가지, 가서 처음부터 일구는 데는 유학을 안가죠. 그렇게 여기 기반조성이 되었다고 보기 때문에, 점차 다른 별에서 유학을 오시는 분들이 많아지리라고 봅니다.

지금 지구에도 보면 이렇게 활발하게 격전 중인 그런 전선이 별로 없지요. 대한민국 남북 휴전선이 대치되어있는 지금 지구에 유일한 곳이고 휴전선이 없는 팔레스타인, 아랍, 그 쪽하고 그리고는 전쟁터가 없어졌는데 남미에서는 내부적인 자체 충돌 분열이 많이 일어나는 곳이고 전선을 생각하면 굉장히 격렬하죠.

적과 대치되어있다 그런 뜻도 있지만, 생사를 오가는 갈림길에 있기 때문에 굉장히 치열하다, 격렬하다. 우리가 가 보지는 않았지만 어떤 전선을 떠올리면 그런 이미지가 떠오르지 않습니까?

우주의 잔잔한 그런 별들에서 몇 억 년씩 그렇게 있어도, OOO님 6억 년을 계셨지요. 수 억 년을 어떤 기적인 생명체라 그러죠. 그렇게 마냥 늘어지는 그런 곳에서 우주가 바라볼 때는 지구는 마치 전쟁터와 같이 보입니다. 좀 이해가 되시죠?

지금 이런 곳에서 각 유학생들은 보낸 별들을 볼 때는 전선에 나가 있다 이렇게 본다고요. 적과 대치되어 있는 전선은 아니지만 그만큼 치열한 곳이다. 그것 때문에 여기 지구라는 곳에 유학을 오시는 것이죠.

여기 계신 분들은 마치 전선에 나가 앞장을 서신 그런 분들입니다. 전투하는 그런 입장에 있기 때문에 '왜 이렇게 바쁘게 돌아가는가?' 의아하신 분들도 있으시죠.

나는 좀 천천히 수련하고 싶은데, 조용히 나 홀로 하고 싶은데, 이렇게 바쁘게 돌아간다 하는 것은 지구의 파장이 또 지구라는 별의 특성이 또 지구에 내려와서 수련하는 분들은 이렇게 바쁜 스케줄 때문에 돌아가라고 여기 나오셨기 때문에, 통 속에 넣고 막 돌리면 구슬 하나씩 떨어지는 것 있지요. 지구라는 곳이 그렇게 바쁘게 돌아가는 곳이기 때문에 그렇게 공부하러 여기에 오신 분들이에요.

그런데 여기 와서 나 혼자 널널하게 있겠다 그러면 그 스케줄에 맞지 않습니다. 바쁘게 돌아가는 공부 때문에 공부가 되시는 분들이 백 년 할 것을 십 년에 하고 십 년 할 것을 일 년에 합니다. 어떤 분이 사속이라고 까지 표현을 하셨던데, 초속이에요.

파장이 말을 한다

개인의 파장이 수련을 통해서 변화할 수 있습니까?
또 저희가 수련을 통해서 가야 하는 파장이 모두 어떤
한 파장으로 가야 하는 것인지 아니면 개개인의 파장이 그대로
다 유지가 되면서 가는 것인지가 궁금합니다.

파장을 변화시키기 위해서 공부를 하는 거예요. 기운의 전달 매체가 파장이거든요. 기운이란 에너지의 응집된 상태를 말하는 것이고 파장은 그 에너지를 전달하는 매체를 말합니다.

쉽게 설명하면 전기를 전달하는 매체가 전파, 즉 파장인 것과 같습니다. 따라서 본인의 기운을 전달하기 위한 수단이 바로 파장입니다.

그래서 어떤 책을 보면 끝까지 읽어 보지 않아도 손에 들면 '아, 읽을 만한 책이구나' 혹은 '쓰레기구나' 이렇게 파장으로 알 수 있게 돼요. 앞으로 공부하시면서 그렇게 되어야 합니다.

비록 모르는 사람이라도 '누구' 하고 얘기하면 그 순간 그 사람의 파장을 읽게 됩니다. 직접 보아서가 아니라 시공을 초월해서 파장이 얘기하는 것을 읽어서 그렇습니다. 파장은 일종의 언어라고 볼 수 있죠.

선인들은 파장으로 대화를 주고받습니다. 파장이 말을 하거든요.

그리고 본성이 있으면서 개성이 있다고 얘기했듯이 본래의 지향하는 파장이 있으면서 자신만의 파장이 또 있는 것입니다.

전에 같이 수련하던 어떤 분이 파장을 맞추기 위해서 책을 베고 잤다는 말을 들었는데 무슨 뜻인가 하면 책에서 나오는 파장을 느끼면서 잤다는 말입니다.

김삿갓, 본명이 김병연이신 분도 선인이신가요?

김삿갓은 선인입니다. 선계에 계신 모든 선인하고 다 대화를 할 수는 없어요. 관심이 가는 분하고만 하기에도 시간이 부족한 형편이거든요. 김삿갓은 저도 좋아하는 분이라서 시간이 있으면 한번 대화를 해 볼 예정입니다.

그렇다면 선인인지 아닌지를 대화도 안 해 보고 어떻게 아느냐 하면 그 분의 파장을 느껴보면 됩니다. 상대방을 떠올리면서 파장을 느껴 보면 알파 파장, 선인들의 파장이 있어요. 그래서 '아, 선인이시구나' 하고 압니다.

파장은 여러분들의 얼굴이 각각 다르듯이 사람마다 다 달라요. 인간이 참 오묘하게 창조되어서 그렇게 다 파장이 다르답니다. 각 사람마다 독특한 파장이 있어요.

선인(仙人)이 누구신가요?

선생님, 책에 보면 한국의 선인들만 나와 있는데
다른 나라에도 선인들이 계십니까?
완성된 분이 동양뿐 아니라 서양에도 있나요?

선계에는 여러 종족이 많이 계십니다. 물론 서양에도 선인들이 계셨죠. 그분들이 원래부터 서양 사람인 것은 아니고 지구에 태어날 때 본인의 인연이나 선택에 의해서 서양 사람, 동양 사람으로 태어난 것이기 때문에 근본은 다 같아요.

이순신 장군도 서양에 태어났던 적이 있거든요. 다 선택에 달려 있는 문제입니다.

기독교의 예수님, 불교의 부처님 같은 분들도
선인 중의 한 분이신지요?

부처님은 선인이십니다. 예수님은 현재 선계입구에 계시구요. 그런데 그분들이 그 시점에 그 수준으로 나오셨던 것은 그분들의 그때의 역할이 그랬기 때문입니다.

인간들이 진화해 가는 중에 한꺼번에 영성이 깨이기는 어렵기 때문에 어떤 분은 어디까지만 깨우치려고 유치원 선생님으로 내려오셨고 어떤 분은 고등학교 선생님, 또 어떤 분은 대학교수 이런 식으로 그 역할이 다르게 오셨습니다.

2500년, 2000년 전에는 아주 깨이기가 어려운 시절이었기 때문에 그때 그분들이 그 수준에서 자신들의 역할을 하고 가신 것이지만 능력은 더욱 대단하셨던 분들입니다.

우주 전체로 볼 때 선인들의 비율이 얼마나 되는지요?

책*에 나오잖아요. 한 성단에 한 육, 칠십 만 정도가 선인이라고 하죠. 그것도 모든 성단이 다 그런 것이 아니라 차원이 높은 성단의 경우입니다.

『다큐멘터리, 한국의 선인들』의 남사고 선인과의 대화 중에 보면 지상에서나, 물 속에서나, 공기 중에서나 자기가 마음먹은 상태로 수련을 할 수 있다는 말이 나오는데요. 선인들이 지구로 수련을 하러 올 때 인간 이외의 다른 형태로도 오십니까?

선인들이 모든 것을 다 한꺼번에 해야 할 필요는 없거든요. 한 번의 수련에 한 가지만 하면 됩니다. 자신이 목적하는 바를 위해서 어떤 형체를 택할 것인지는 정하면 되는 거예요.

이지함 선인도 물 속을 들여다보니까 물고기들이 얼마나 자유자재로 헤엄치고 다니는지 물고기가 되고 싶기도 했었다고 하시더군요. 또 새나 곤충 같은 것을 보면 아주 자유롭게 날아다닐 수 있는 기능들이 다 있잖아요.

* 『다큐멘터리, 한국의 선인들』

안 보이는 99% 이야기

그런 것들은 인간이 안 가진 특별한 기능들을 다 가지고 있기 때문에 그런 몇 가지 기능들을 한 번 시험해 보고 싶으면 그렇게 하는 것입니다.

그 분들은 단번에 깨달음까지 가야 하는 범인(凡人)들은 아니죠. 이미 일정 단계에 갔기 때문에 한번 이 세계에 태어나서 꼭 뭐가 되어야 하는 것은 아니에요. 어떤 한 가지만 공부하고 갈 수도 있다고요.

곤충들은 어떻게 해서 저렇게 대단한 촉각이나 후각, 감각을 지녔을까? 그런 것을 한번 시험해 보고 싶을 수도 있는데 대신 수명이 짧으니 잠깐 왔다가 가는 것이죠. 그런 한 번의 경험 때문에 오기도 합니다. 그러니까 굳이 사람이 아닐 수도 있고 그 한 가지 경험을 하면 흔적도 없이 갑니다.

또 곤충이라고 해도 다 어디서부터 왔는지 결코 무시할 수 없는 존재들이죠. 하찮은 존재가 어디 있어요?

○○님께서 말씀하시기를 한 때 동물이었던 적도 있다고 말씀하시면서 상당히 부끄러워 하셨다는데 그 분이 왜 그러셨는지는 저도 모르겠어요. 단지 그런 경험이 필요했던 것인데 뭐가 부끄러워요? 동물인 것이 왜 부끄럽습니까?

선택할 수 있는 문제이기 때문에 식물이 될 수도 있고 곤충이 될 수도 있는 것이고, 또 동물이 인간보다 미천하다고 생각하는 것도 잘못입니다. 다 같이 생명을 누리고 있고 또 우주의 일부입니다. 하물며 돌 같은 것도 하찮다고 생각하면 안 됩니다 남사고 선인도 처음에 인간이 만물의 영장이라면서 인간이 가장 위대한 줄 알았다고 하시죠. 그러다가 어느 날 모래 한 알도 너무나 위대하고 오히려 깨닫지 못한 미물일 때는 인간이 더 하찮다는 것을 알게 되었다고 하시잖아요.

왜냐하면 모래알 같은 것은 전체로서 역할을 할 수 있는 것인데 인간들은 다 자기의 의사를 가지고 있기 때문에 더 못할 수 있다는 거예요.

각자 자기 의사를 가지고 있기 때문에 그 의사 때문에 깨달을 수도 있고, 그 의사 때문에 망할 수도 있는 것입니다. 모래알은 다 전체로써 존재하기 때문에 오히려 묵묵히 자신의 일을 하는 것뿐인데 인간들은 자기 의지 때문에 그렇게 망했다가 흥했다가 한다고요. 그러니 미물보다 못할 수도 있고 위대할 수도 있죠.

그러면 우주 전체에서 볼 때
선인이 인간 이외의 형태로 있기도 합니까?

'선인(仙人)' 하면 사람 인(人)자가 붙었으니까 한두 번 그런 경험을 하더라도 종국에는 사람의 형태를 띠어야 선인이지요. 인간의 몸을 쓰고 있을 때 공부 과정이 끝나게 됩니다.

인간이었던 적은 한 번도 없으면서도
선인이라는 존재가 될 수 있는지요?

그렇게는 깨닫기가 어렵고 깨달을 때는 사고가 필요하기 때문에 반드시 인간의 몸이 필요해요. 한 번 돌이었다고 끝까지 돌인 것이 아니라 그렇게 한 번씩 경험을 하는 것입니다. 호기심이 많은 경우에는 다양한 경험을 하고 싶어서 한 번씩 해 보는 수가 있고 호기심이 적으면 그냥 한 가지만 하는 것이지요.

사람도 그렇잖아요. 여러 가지 다 해 보고 싶어 하는 사람도 있고 그러고 싶지 않고 한 가지만 하면 된다는 사람도 있죠. 그런데 깨달을 때는 인간의 몸이 반드시 필요해서 깨달아야 할 시점에는 인간의 몸을 써야 합니다.

『다큐멘터리, 한국의 선인들』의 남사고 선인과의 대화에 보면 '엘니뇨, 라니냐' 같은 말이 나오는데 남사고 선인께서 어떻게 그런 현대 용어를 알고 계시는지요?

그분들은 시공을 초월해서 다 볼 수가 있기 때문에 지금 지구가 어떻게 돌아가고 있는가, 또 지구뿐 아니라 우주가 어떻게 돌아가고 있는가를 훤히 꿰고 계십니다.

가끔 그런 질문이 들어온다고 하더군요. 그 옛날 하늘 천, 따 지 하시던 분들이 어떻게 요즘 용어, 영어를 쓰시느냐고 하는데, 그분들은 시공을 초월해서 왔다 갔다 하시기 때문에 현대 한국인이라고 볼 수도 있어요. 그 때 태어났을 뿐이지 보편적인 감정은 다 같습니다.

그리고 항상 듣는 사람 입장에서 전달을 하시기 때문에 알아듣게 얘기를 하십니다. 제가 어려서부터 한자보다는 영어를 주로 썼기 때문에 저의 취향에 맞게 얘기를 하다보니까 자꾸 영어를 섞어서 말씀하시는 것이죠.

또 엘니뇨니 라니냐니 하는 것은 지금 지구에 일어나고 있는 현상인데 전에 다른 별에서도 공해가 극심하고 이렇게 주기적으로 변화가 있는 때에는 항상 그런 일이 있어 왔습니다.

지구상에 처음 있는 일은 없습니다. 다 반복되는 일이지 새로 시작되는 것은 없다는 말씀입니다.

우주인 셈야제

'그대 반짝이는 별을 보거든' 이라는 책에 보면 셈야제라는 분이 사람들 사이에 섞여서 살거든요. 외모가 그냥 서양 사람같이 생겼어요. 수명이 천 년인가 이천 년 되는 우주인인데 어떻게 그렇게 지구인하고 비슷한 형태로 와서 살 수 있느냐 하면 몸을 바꿔서 왔기 때문입니다. 영은 우주인의 영인데 몸을 바꾼 채 온 것입니다.

우주가 광대한데 몸을 가지고 오는 우주인들은
지구까지 오는 데 오래 걸리지 않습니까?

시공을 초월해서 오시기 때문에 오래 걸리지 않고 바로바로 옵니다. 예를 들어 100억 광년이라고 하면 가는 데 100억 년, 오는 데 100억 년, 왕복 200억 년이 걸리겠죠. 산수로 하면 그래요. 그런데 그분들은 그렇게 오지 않습니다.

우주인들은 100억 광년이라는 시간을 그대로 흘러서 오는 것이 아니라 시간을 바꾸기 때문에 금방 오고 갈 수가 있어요.

우주는 1차원에서 10차원까지가 있어서 차원에 따라 여러 가지를 바꿉니다. 시공을 초월한다는 말이 있죠? 또 어떤 때는 공간을 바꿔서 오기도 합니다.

『선계에 가고 싶다』에 보면 제가 천 년 후의 지구인하고 만나는 장면이 있는데 그것이 바로 공간을 바꾼 거예요.

생물체가 있는 별에서 몸을 가진 우주인이 올 때는 우주선을 타고 와요. 우리는 아직 과학이 발달되지 않아서 다른 별에 못 가잖아요.

그러나 과학이 많이 발달된 별에서는 파장이나 대기 같은 것을 바꿀 수 있는 장치를 가진 우주선이나 우주복을 만들어서 올 수가 있어요. 또 우주선에는 기를 바꿀 수 있는 장치가 있어서 먼 우주에서 지구에 올 때까지 여러 물체를 거쳐도 피해를 입지 않도록 합니다.

오다 보면 굉장히 뜨거운 용광로 같은 데도 거치고 우주의 여러 공간을 거쳐서 오기 때문에 죽을 수도 있거든요. 그런데 우주선에는 보호받을 수 있는 장치가 되어 있기 때문에 우주선을 타고 오는 거죠.

우리가 화성이나 달 탐사 갈 때도 특별한 복장에 공기 공급 장치 등을 가지고 갔듯이 우주인이 올 때도 장치가 필요할 수가 있어요.

또 각 별마다 사용하는 기지, 즉 지구의 파장에 견딜 수 있는 몸으로 바꾸는 장소가 있습니다. 기지는 달이나 태양계의 어느 지점일 수도 있는데 자신들의 몸 그대로 오면 지구에서는 잠시도 살 수 없기 때문에 기지에서 몸을 바꾸고 특수한 옷을 입고 온답니다.

그런데 다른 별에도 지구에 사는 인간과 비슷한 사람들이 있다는 것을 알려준다거나 다른 특수 목적을 가지고 있을 때 한두 번 정도 오는 것이지 자주 오지는 않아요.

때로 급하면 지구인의 몸을 빌리기도 합니다. 『다큐멘터리, 한국의 선인들』의 이순신 장군에 대한 내용 중에 만약 갑자기 전쟁이 발발해서 오는 경우 지구인의 몸을 빌릴 수도 있다고 하는 말이 있습니다.

미국 어디에서 UFO가 불시착했는데 그 우주인을 생포해서
비밀리에 실험을 한다는 얘기를 어느 책에서 읽은 적이 있는데요,
그런 것이 사실입니까?

우리도 나중에 과학이 발달되면 우주선 타고 우주복 입고 다른 별에 갈 것 아니에요? 그런데 그 쪽에서 여기서 간 사람을 잡아다가 그렇게 실험할 수도 있는 일이죠. 어디에서 왔는지 알아내려고 말이죠.

그러나 아직 UFO가 있다는 것도 인정하지 않는 사람이 많은데요.

그런 것은 보편적으로 누구나 다 알아야 될 필요도 없는 것이에요. 알고 싶으면 알고, 알고 싶지 않으면 몰라도 되고 각자 자기 마음대로 하면 되는 것이지 그렇게 보편적인 것을 원하지는 않아요. 사람마다 다 다르기 때문에 억지로 알게 할 필요도 없죠.

과학은 느리고 기(氣)는 빨라

전에 어떤 분이 피라밋에 관해서 강의를 한다고 해서 찾아갔었습니다. 정신세계원에서 했는데 처음 30분 정도는 굉장히 흥미진진했어요. 도입부에서 가설을 몇 가지 세우고 풀어나가는데 '아, 뭔가 나오겠구나' 하고 기대에 차서 얘기를 들었습니다.

그런데 설명을 듣다 보니 피라밋이 도저히 뭔지 모르겠다는 얘기였어요. 이래서 모르고 저래서 모르고 하는 과정을 장장 네 시간 동안 계속 설명을 하더니 결론은 피라밋이 뭔지 모르겠다는 기였습니다.

왜 모르느냐? 설명할 길이 없기 때문에 모르겠다, 검증되지 않기 때문에 모르겠다는 얘기예요. 자기만 모르는 것도 아니래요. 자기는 한 20년 정도 공부를 한 사람으로 모르는데, 러시아의 어떤 분은 40년을 연구했는데도 모른다더군요.

지구상에 있는 과학자 중에서 피라밋이 무엇인지 아는 사람은 하나도 없다는 것을 증명하기 위해 그렇게 대여섯 가지 가설을 세워서 '이것도 아니다, 저것도 아니다' 이렇게 하는 것을 봤습니다.

그래서 제가 하도 허망해서 집에 와서 수련을 했죠. 답이 간단하게 나오더라고요. '피라밋이라는 것은 현존하는 지구 인류 이전의 인류가 사용하던 기의 렌즈이다' 그렇게 말씀을 하셔요.

저는 과학의 문외한이기 때문에 어떻게 되어서 렌즈이고 어떻게 되서 렌즈가 아닌지 설명할 길은 없지만 지구에서 타별에 기운을 보낼 수도 있고 받을 수도 있는 장치였답니다. 오목 렌즈, 볼록 렌즈 아시죠? 렌즈로 햇빛을 모으면 타기도 하죠.

피라밋의 구조 자체가 기운을 모을 수도 있고 멀리 보낼 수도 있는 오목 렌즈, 볼록 렌즈의 기능을 하는 장치였답니다. 그런데 건축술이 하도 좋다 보니까 지진에도 안 무너지고 지구가 많이 뒤집어엎고 뒤집어엎고 했는데도 자취가 남아있는 거예요. 아마 남기려고 했을 겁니다. 지금 인류들이 호기심을 가지고 들여다보고 연구할 수 있는 여지를 만들어 주느라고 그렇게 건축을 잘 했던 것 같습니다.

기의 세계라는 것은 그렇게 빠르고 또 증명할 길이 없습니다. 참 허무맹랑할 수도 있는데 그것을 구체적으로 학문화시켜서 설명을 하려면 또 수십 년, 수백 년이 걸리기 때문에 그렇게 하지 않죠. 해당 학문하시는 분들이 그런 영역을 해 주시면 좋지만 수련하는 분들은 거기까지 할 수는 없어요.

그냥 '알아듣는 사람만 알아들어라' 이런 것이 또 기의 세계입니다. 논리적인 분들은 이런 얘기 들으면 아주 황당해 하죠. 사실 이 수련 자체가, 수련법 자체가 아주 황당하잖아요?

기존의 것들을 다 버리고, 포장지를 다 버리고 '나는 본질만 알겠다',' 기가 말하고자 하는 언어, 파장을 내가 직접 몸으로 느껴서 지혜로써 터득하겠다.' 이런 방법이 가장 빨라요. 하나하나 연구하려고 하다가는 수련하는 세월을 연구에 다 바쳐도 아마 안 될 것입니다.

제가 말씀드리는 내용이 많이 황당할지라도 일단 본질적인 단서는 제가 드리고 있으니까 그것을 기반으로 해서 본인들이 더 연구하고 화두로 삼으시기 바랍니다. 그러면서 포장지는 싹 빼시고 제가 드리고자 하는 본질적인 것만 받으시면 와 닿기가 쉬울 것입니다.

깊이 숨어 있는 본성

선생님, 본성을 만난다는 것이 어떤 것인지요?

　자신의 본성을 다 가지고 태어났는데 잊혀진 그런 본성을 만나는 거죠. 자기 자신을 만나는 거예요.

본성은 원래 가지고 있는 것이 아닌가요?

　가지고 있는데, 깊이 숨어있죠. 보석을 이렇게 보면 처음에는 다 깊이 감춰져 있지 않습니까? 귀한 것일수록 숨어있는데 껍질을 깎아내고 세공하면서 보석이 드러나듯이, 가지고 있는데 드러나지 않아서 남도 모르고 본인도 모르고 지내죠. 자기에게 그런 것이 있는지 없는지조차 몰라요. 그런데 수련하면서 계속 버리면서 불필요한 부분을 자꾸 깎아서 세공하다보면 가지고 있던 본래의 것이 드러나는 것입니다. 감춰져있던 것이...

　그렇게 되면 우주의 원래 가운데 자리, 본성과 만나지는 거예요. 자기 혼자 가지고 있던 것이 본성과 호흡으로써, 기로써 끈이 되어 만나진다고요. 그래서 같이 꿰어지는 거예요. 그 일원이 되어 들어가는 거예요.

　우주의 본성과 내가 하나가 되어서 그쪽으로 들어가는 거예요. 본성의 일부가 되는 것입니다. 모두 개체로 있다가 만나게 되면 그 때 같이 들어갈 수 있는 통로가 생기는 것입니다.

영력이 발달된 사람은 본성을 쉽게 만날 수 있나요?

처음부터 본성을 많이 드러나게 가진 사람들이 있습니다. 덧붙여지지 않은 상태일 때 그렇습니다. 지식이라든가 이것저것으로 덕지덕지 무장하면 점점 더 숨고 자연 그대로 태어나서 지내면 많이 드러나 있지요.

아프리카 인들이나 자연과 더불어서 사는 분들 보면 그냥 종교 없이도 본성이 이미 많은 부분 드러나 있는 경우입니다. 그런데 그건 영력하고는 또 별개여서, 영적으로 진화가 됐다고 볼 수는 없어요. 영력은 또 다른 거거든요.

그러니까 본성은 많이 드러났는데 영적으로 많이 깨이지 않은 경우일 수가 있어서 영력이 많이 발달됐다고 해서 본성과 쉽게 합일되고 그런 상태는 아닙니다.

삶, 그 후의 또 다른 기회

천도제를 지낼 때 오신 분들이 어떤 모습으로 어떻게 하시는지 좀 알고 싶거든요.

어떤 모습일 것 같으세요? 생각하실 때.

예를 들면 제가 했던 문제 같으면 평소 돌아가실 때,
제가 기억하는 그런 모습으로 해서 아마 즐거운 모습으로
오셨지 않겠는가…

또 다른 분은요.

책*에 나와 있듯이 서경덕 선인님께서 세계각지를 다니면서
영들을 데리고 오신 그런 모습들이 아닐까 싶습니다.

그렇게 구체화된 그런 모습들은 아니시고, 형체가 그렇게 뚜렷하고 그렇지 않습니다. 선인의 모습은 가장 완벽한 그런 아름다움이라고 말씀을 드렸잖아요. 완성될수록 완벽한 모습이시고, 아직 미완성이고 혼미한 상태에서는 사람의 형태를 띠었다고 볼 수도 없고, 잘못알고 있어서 그렇게 형체를 띤 걸로 보이는 거예요. 귀신 그러면 다 이렇게 형체가 나오잖아요. 그런 것이 아니고, 구체화된 그런 모습들이 아니에요. 어떤 기운덩어리의 모습을 하고 있는데, 그것이 맑은 기운이 아니고, 탁한 기운이니까 하늘에 검은 구름이 뭉게뭉게 떠있는 그런 걸 상상하시면 됩니다.

그렇게 기운이 들어오고 가고 그러는 것이지, 지금 천도되지 못한 영들의 모습은 구체적으로 사람의 형태를 띠고 있지는 않아요.

'천도된다' 라는 것은 뭐냐 하면, 제자리를 찾지 못한 영들을 제

*『선계에 가고 싶다』

자리를 찾게 해준다는 이런 뜻이에요. 돌아가시면 우리는 다 어떤 자리에 배치가 되어 있는 줄 알고 있습니다. 대개 돌아가시면 일단 영계 어딘가에 배치 받아 가시는 줄 아는데,『소설 선』에서 이진사가 향천하실 때 사람들이 어딘가에 떠있다고 그러지 않아요? 풍선처럼 떠있다고.

그러니까 자리를 찾지 못하고, 어딘가에 허공에 떠있는 상태들이에요. 낮은데 떠있을수록 낮은 차원이고, 영의 격에 따라서 높은 데 올라갈수록 격이 높은데, 지구를 벗어나는 영들은 없습니다. 아직까지는.

우리 지구의 영들이 돌아가셔서 제자리를 찾아가고 하는 거는 굉장히 드문 일이고, 거의 지구의 대기권을 못 벗어나요. 훈련이 돼있지 않기 때문에, 기적인 상태의 훈련이 돼있지 않기 때문에, 우리들이 살아서 화성이나 다른 데를 못 가듯이, 그분들이 기적으로 준비가 안 되어 못 가셔요.

지구를 못 벗어나는데, 그럼 지구 내에서라도 자리를 찾아야 될 텐데, 대개 영들이 그런 수준에 있지를 않습니다. 아주 오랜 시간이 지나, ○○대사 같은 그런 경우도 한 천년, 천년 가까이 어딘가에 계시는 거예요. 자기 자리가 아니고, 어딘가에 허공에 떠서 대기하고 계신 상태에 있다고 그러지 않았어요? 물론 법을 펴느라고 잘못은 했지만 그래도 상당한 경지에 올라가 있던 분도 자리를 찾지 못해서 어딘가에 떠서 대기한 상태입니다.

뚜렷하게 어딘가 다른 별이니 이런 곳에 가서 임무를 맡고 있지 못한다거나, 선계에 가지 못하고 기운을 만나지 못한 그런 상태에는 그냥 지구의 대기권에 떠있다고 생각하시면 됩니다.

대개 본인들이 죽었는지 살았는지도 모릅니다. 아프다 배고프다 하시며 살아생전에 기억을 그냥 가지고 있는 거예요. 암으로 돌아가셨다 그러면 죽을 때 고통 받고 한 것이 있어서 수십 년이 지나도 아프다고 그래요. 어디가 굉장히 아프다고. 신경통이고 그러면 '이런 데 쑤신다' 그러고, 생전에 많이 못 드시던 분들은 '배고프다' 고 그러고, 잘 못 갖추고 하신 분들은 '춥다' 고 그래요. 몸이 없는데도 불구하고.

그러니까 죽었다, 살았다 그런 의식도 없습니다. 본인들이 살아 있는 줄 알아요. 몸이 있는 줄 아는 것이죠. 그래서 대개 그러한 상태에 있다고 생각하시면 되고요...

영들이 기운을 받게 되면 영격상승에 영향이 있는 겁니까?

기운을 받는다는 것은 기운 속에 에너지만 들어있는 게 아니고, 모든 요소가 다 들어 있잖아요. 기운 속에 모든 요소, 무슨 원소, 하여튼 생명을 유지할 수 있는 그런 모든 에너지가 다 들어 있고 거기다가 파장이 들어 있어요. 그리고 파장에는 말씀, 메시지 이런 것이 들어 있어서, 그 기운을 받으면서 영양소를 받는 거죠. 그 메시지를 받는 거예요. 본인들이.

그래서 이제 죽었다는 것을 알게 되고, 죽으면 어떻게 된다는 것을 알게 되고, 수련을 해야 된다는 것, 비워야 된다, 가벼워져야 된다, 집착을 가지면 안 된다는 것을 알게 되죠.

본인들이 가지고 있는 것들이 후손들에게 도움이 되는지, 피해가 되는지조차 본인들은 모르거든요. 생각하면 좋은 줄 아는 거예요. 어떤 생각이든. 자손 생각을 많이 하면 좋은 것인 줄 아는데, 좋게 생각을 해야 좋은 것이죠.

무덤 속에 있는 그분들의 기운이 후손들에게 영향을 미친다는 거는 어딘가에 있죠? 왜 그런가 하면 그분들은 일심이에요. 일심. 우리 살아있는 사람들은 생활도 해야 되고, 생각도 해야 되고 책도 보고 어쩌고저쩌고 하다 보니까 많이 흩어지잖아요? 생각들이 분산이 되요. 기운이 다 흩어져서 힘이 모아지지 않는데 돌아가신 분들은 일심이에요. 생각할 것도 없어요. 책을 보는 것도 아니고.

거기서 무슨 생각을 하냐하면, 죽었을 때 그 순간의 생각을 제일 많이 하고, 살아생전에 본인에게 가장 각인되어 있던 그 생각을 합니다. 계속 배가 고팠다 하면 계속 배고픈 생각만 하니까, 그 배고픈 생각이 동기감응이라고 해서 자신과 같은 DNA, 같은 기운에 영향을 주는 거예요. 기운끼리는 서로 감응해요. 같은 기운끼리는.

그러니까 DNA가 같고, 같은 기운끼리는 감응을 하니, 그 조상이 계속 배고프다고 생각을 하고, 무덤 속에 이렇게 들어가서 물이 찼다, 춥다, 계속 춥다고 생각하면 자손이 괜히 춥고 허기지고 그렇게 영향을 주는 거예요. 그러니까 같은 기운에게 전달이 되는 거예요.

  그 분들이 계속 그 생각만 하는 겁니다. 배고프다, 춥다, 아프다, 계속 아프다. '아프다' 라는 생각이 너무 강렬해가지고, 후손들에게 그 생각이 전달이 되는 것이죠. 너무 아프고 고통스러워하면 그 고통이 전달이 되어서 그게 어떤 식으로든, 교통사고가 난다거나, 아프다거나 그런 같은 감정을 갖게끔 전도시킨다는 것이죠.

  무덤을 잘 쓰고 이러는 것이 후손들에게 좋다 이러는 것은, 시체에 7근이 남아있다고 했는데 남아있는 것을 가지고 그렇게 영향을 주기 때문이에요. 영이 하늘로 올라갔는데, 하늘로 올라갔다고 표현은 하지만 있는 거지요, 어딘가에. 그렇게 떠나고 몸에 남아있는 것만 있는데, 그 7근을 가지고 그렇게 영향을 많이 미치기 때문에 무덤 쓰는 것이 중요하다는 거죠. 그 분들은 일심이기 때문에.

  그런데 화장을 한다고 하더라도 영의 상태가 깨어 있어서, 죽은 것을 알고, 죽어서 어딘가에 임무를 받아 새로운 일을 하는 영이 아닌 그 여타 영들은 혼미한 상태에 있는 거예요. 대기 중인 거예요. 굉장히 죽은 사람들이 많고 살아 있는 분들보다 훨씬 더 많아요. 죽은 분들이. 그리고 생명이 있는 별들이 그렇게 많지 않아요.
  그러니 그 분들이 다시 태어나려면 기다려야 합니다. 순번을. 그런데 번호표라도 받은 사람들이 있지만, 그렇지 않으면 그냥 무작정 기다리는 거예요. 번호표 받으면 그래도 좀 계획이 있는 것이죠. 태어나는 영들도 마찬가지로 번호표 받으면 이미 들어갈 예비 순번이 있는데, 아니면 그냥 무작정 기다리는 거죠. 언제, 어떻게 될지 알려주는 사람도 없어요. 그 세계는. 그냥 기다리는 거예요.

그걸 알려준다고 하면 벌써 그 사람은 상당한 영이에요. 나는 뭐 천년 후에 태어나게 되어 있다, 백 년 후에 부잣집에 태어나게 되어 있다, 이것을 안다 하는 것은 상당히 깨인 영입니다. 본인들이 어떻게 돼야 될지 모르고 있습니다.

타고난 예술가들

『선계에 가고 싶다』에 보면 예술가들은 선천적으로 안테나가 달려 있다고 하는데 훌륭하신 분들, 세계적인 예술가가 아니고 단순히 예술 전공하신 분들도 안테나를 타고나시는지요?

영감이란 텔레파시를 말하는데 예술은 거의 영감으로 하는 것이므로 예술가들은 그런 능력을 타고나신 분들입니다.

그러나 타고났는데도 못 찾아 먹는 분이 계시죠. 인체도 그렇지만 안테나는 쓰지 않으면 소멸되거든요. 그런 식으로 선천적으로

부여받고 나왔더라도 활용을 안 하면 없어집니다.

대개 어떤 분야에서 두각을 나타내는 분들은 사명을 받아 나온 경우가 많아요. 그래서 전생에 어디까지 이루었으면 금생에는 바로 그 다음 수준에서 나옵니다.

이 수련하는 사람들의 경우는 아예 완전히 제로(zero)에서부터 다시 시작하는 스케줄인 반면 수련 인연이 아닌 사람들, 다른 사명을 받아서 나온 사람들은 전에 갔던 그 단계에서부터 나오게 되요.

그러니까 오히려 쉽죠. 바이올리니스트 정경화 씨나 첼리스트 장한나 씨 같은 경우에도 보면 아주 어려서부터 두각을 나타내고 그랬잖아요. 전생에 그 능력, 그 수준까지 했기 때문에 바로 그것이 튀어나오는 것입니다.

수련 인연이 있는 사람들은 다 없애고 한없이 평범하게 나오는데 그것을 발견해 내는 과정이 바로 수련입니다.

미리부터 재능을 보이고 두각을 나타내는 분들이 일견 좋아 보이고 부럽기는 할지라도 그것이 수련은 아니에요. 단지 자신의 재능을 발휘해서 남에게 귀감이 되고 영감을 불러 일으켜 주는 역할을 하는 거예요.

음악을 들으면서 영성이 트이고 그러죠? 바로 그런 역할, 트여주는 역할을 해 주는 분들이에요. 그렇기 때문에 바로 그런 수준에서부터 나오는 것입니다.

훌훌 털어내세요

그렇듯 스스로의 마음 상태가 항상 쾌적한 상태여서
더워하는 사람에게는 시원한 바람을 불러일으켜 줄 수 있고,
추워하는 사람에게는 따뜻한 바람을 불러일으켜 줄 수 있도록
자유자재로 마음에 관한 조절이 가능한 상태가 되면 남에게 힘이 됩니다.

탁 놓고 버려야

어떤 사태가 발생하면 대부분의 사람들은 정면으로 받습니다. 그래서 누가 한마디 하면 그 말이 화살이 되어 가슴에 탁 꽂혀서 어쩔 줄 모르고 아파하고 비명을 지르는데 이 수련하는 사람들은 정면으로 받으면 안 됩니다.

중단*은 아껴야 하는 부분이거든요. 누가 나를 공격하면 항상 슬쩍 비켜서 옆구리로 받아 주머니에 넣어 두십시오. 그렇게 하면 한결 여유가 생깁니다.

절대 정면 대응하지 마십시오. 권투에서도 그렇듯이 정면으로 맞는 것보다는 옆구리로 맞는 것이 그래도 좀 낫다고요. 누가 나를 공격하면 그냥 비키세요. 그 자리를 비키는 방법이 제일 좋습니다.

제일 미련한 사람은 부부싸움 할 때 '때려봐 때려봐' 하면서 대주는 사람이에요. 갖다 대는데 때리지 않을 사람이 어디 있어요? 그리고는 맞았다면서 야단을 하죠. 상대방이 때릴 기세면 잠시 그 자리를 피하는 것이 제일 현명한 방법입니다.

일단 그 자리를 피하고 조금 있다 보면 사라지거든요. 옆구리로 받고 주머니에 넣어 놓으면 한결 충격이 완화됩니다. 일단 주머니에 들어간 것은 별것이 아니에요. 그런 방법으로 수련을 하시면 빨

---

* 중단 : 마음을 관장하는 혈, 가슴 중앙에 위치

리 무심으로 들어갈 수가 있습니다.

제가 아는 분이 얼마 전에 건강 진단을 했는데 결과가 건강하다고 나왔어요. 술, 담배를 굉장히 많이 하는데다 나이도 오십이 넘어서 본인도 여기저기 많이 상해 있을 것이라고 상당히 긴장했었는데 뜻밖에도 정상이었다고요.

이유를 생각해 봤는데 그 분의 성격이 바로 '놓는' 성격이었어요. 아무리 밖에서 무슨 일이 있어도 누우면 탁 베개 베자마자 잠이 드는 편안한 성격입니다. 명상만 안 했을 뿐 생활면에서는 도가 트인 분이에요. 그런 사람들이 병도 안 걸리고 수련도 잘 됩니다.

명상을 하면서 계속 놓지 않으면 명상이 안 됩니다. 항상 어떤 생각들이 뒤통수에 매달려 있어서 무심으로 들어가지를 못해요. 불안해서 잠시도 놓지를 못하는 거예요. 그런데 그냥 탁 놓으십시오. 삼매로 들어가기 쉬운 사람은 바로 성격적으로 그런 면이 있어서입니다. 탁 누우면 금방 잠들 수 있는 성격이죠.

일단 명상에 들면 부둥켜안고 있지 말고 탁 놓으십시오. 자신이 심각하게 생각하는 것들, 떠오르는 것들을 그냥 놓고 명상으로 들어가면 무심으로 곧장 갈 수가 있는데 놓지 않고 항상 뒤통수에 붙들고 있죠. 그런 것들을 탁 놓고 또 양쪽 주머니에 넣으면서 수련을 하시기 바랍니다.

광수생각

얼마 전에 '광수 생각'이라는 만화를 봤는데 내용이 참 기억에 남아서 얘기를 해 드리려고 합니다. 어떤 사람이 즐겁게 '랄랄라' 하면서 노래를 부르고 가니까 옆에서 말하기를 '네가 평소에는 근심 걱정에 날 가는 줄 모르더니 오늘은 뭐가 그렇게 좋아서 노래를 부르느냐?' 해요.

그랬더니 대답하기를 '한 달에 백만 원씩 주기로 하고 나 대신 걱정해 줄 사람을 고용했다'는 거예요. 그래서 '네가 무슨 돈이 있어서 한 달에 백만 원씩 주느냐?' 하고 물으니까 '아, 그건 내가 걱정할 일이 아니야. 그 사람이 걱정할 일이야' 하더랍니다.

스트레스 많이 받으시는 분들 계시죠? 그런 분들은 심포·삼초*의 기능이 좀 부족해서 그렇고, 또 이완시키는 방법을 잘 몰라서 그런 거예요. 스트레스를 받으면 쉽게 푸는 방법으로는 우선 열 번 정도 심호흡을 하십시오. 깊이 들이쉬고 내쉬다 보면 어느 정도는 풀어지거든요.

그리고 스트레스 푸는 방법을 각자 하나씩 가지십시오. 나이가 사십쯤 되면 혼자 푸는 방법들이 정착이 되어야 합니다. 수련으로 푸는 방법이 제일 좋지만 그것이 안 되면 다른 것 한 가지, 예를 들

---

* 심포·삼초 : 눈에 보이지 않는 장부로 생명력, 면역력을 관장, 심포는 중단(가슴 중앙)에 위치, 삼초는 하단(아랫배 가운데)에 위치

어 오락을 하거나 만화책을 보든가 노래를 부르거나 하는 방법을 하나씩 가지시기 바랍니다.

봄날 같이

　자기 마음은 자기가 냉·온을 조절할 수 있어야 합니다. 스스로 조절이 불가능해서 너무 뜨거운 채 식을 줄 모르는 것도 상대방을 부담스럽게 하고, 반대로 너무 차가워서 남까지 얼어붙게 만드는 것도 짐이 됩니다.
　적당하게 뜨거울 땐 뜨겁고 차가울 땐 차가워야 합니다. 정신적으로 동상을 입히는 것도 나쁘지만 정신적으로 화상, 열상을 입히는 것도 안 좋아요.
　각자 자신은 과연 어떤지 생각을 해 보십시오.
　선계의 날씨는 늘 봄입니다. 덥지도 춥지도 않고 약간 선선한 날씨거든요. 그렇듯 스스로의 마음 상태가 항상 쾌적한 상태여서 더위하는 사람에게는 시원한 바람을 불러일으켜 줄 수 있고, 또 추위하는 사람에게는 따뜻한 바람을 불러일으켜 줄 수 있도록 자유자재로 마음에 관한 조절이 가능한 상태가 되면 남에게 힘이 됩니다.

또 스스로 '짐이 된다'라고 여겨지면 한 발짝 물러날 줄도 알아야 되는데 짐이 되면서 계속 힘이 된다고 착각하는 사람들도 있습니다.

덥지도 차갑지도 않고 미지근한 상태는 어떻습니까?

미지근한 상태는 아무것도 아닌 것이죠. 미지근한 상태가 아니라 따뜻한 상태가 되어야 합니다. 미지근한 것은 열정이 식은 것이고, 따뜻한 것은 열정이 생기려는 상태입니다.

스트레스 해소

자신의 마음자리를 어디에 두느냐에 따라서 좌로 기울어질 수도 있고 우로 기울어질 수도 있는데 둘 다 바람직하지 않습니다. 시야를 조금만 달리 해 보면 해소할 수 있는 방법이 나오죠. 항상 가운데 자리에서 이쪽저쪽을 보면서 있어도 그만 없어도 그만인 상태로 가는 것이 도의 길입니다.

중용이란 너무 좋지도 싫지도 않은 것입니다. 늘 변함없이 같아요. 그러니까 비판적인 얘기만 하는 것도 아니고 칭찬만 하는 것도 아니고 적당히 섞였는데 약간 긍정적인 방향입니다. 중용이되 조금 긍정적인 상태가 도의 길이고 그렇게 되면 스트레스를 안 받습니다.

어떤 일로 눈이 멀어서도 안 됩니다. 한번 어느 쪽으로 빠지면 아예 눈이 멀어서 하는 분이 계신데 그런 것도 바람직하지 않고, 다 볼 수 있으면서 매사를 긍정적으로 생각하는 것이 좋습니다.

사람은 적어도 독립해서 혼자 살아가야 하는 나이가 되면 스스로 스트레스를 해소할 수 있는 방법 한 가지 정도는 가지고 있어야 합니다. 무슨 일이든지 대책이 없으면 계속 이리 끌려 다니고 저리 끌려 다니고 상당히 피곤하게 살게 되거든요.

어떤 식으로라도 스트레스 해소 방법을 가져야 하는데 수련과 일 속에서 찾는 것이 가장 바람직합니다. 매사의 해법이 다 수련 안에 있기 때문에 피로해도 수련하고 남에게 호소하고 싶을 때도 수련하십시오. 대화로 풀기 시작하면 끝이 없어요. 그러면 수련을 못 합니다.

마음 상태가 좋지 않을 때마다 자꾸 남 찾는 사람 있죠? 참 어리석은 방법입니다. 그렇게 이 사람 저 사람에게 전화해 봐야 속 시원한 방법이 안 나와요. 대상이 마땅하지 않으면 구걸하는 심정까지 되고 치사한 기분이 들기도 합니다.

또 상대가 필요한 방법들은 업을 쌓기가 쉽기 때문에 되도록 혼자 할 수 있는 방법을 찾으십시오. 자신의 문제를 남에게 얘기해 버릇하면 끝까지 스트레스가 해소되지 않아요.

말이 말을 낳고 말이 말을 낳아서 점점 쌓여갈 뿐이니까 자신에 관해서는 일체 말을 하지 않는 것이 좋습니다. 수련 속에서 관(觀)해 봄으로써 방법을 찾으십시오.

얘기를 하려면 그 한마디를 툭 던짐으로써 어떤 계기가 되는 얘기를 해야 합니다. 내가 스트레스 해소하려고, 말하고 싶어서 하는 얘기가 아니라 상대방에게 꼭 필요한 얘기, 상대방이 듣고 싶어 하는 얘기를 해야 합니다.

상대방이 듣고 싶어 하지 않는 얘기를 하는 것처럼 어리석은 사람은 없어요. 흔히 '너는 뭐가 문제' 라는 말들을 해 주기를 좋아하는데 그것처럼 달갑지 않은 것이 없거든요. 그 사람이 그런 얘기를 들을 준비도 안 되어 있고 들을 의사도 없는데 괜히 한 마디씩 해 준다고요.

수련을 통해서 맑아지면 상대방이 지금 어떤 말을 듣고 싶어 하는지를 금방 알게 됩니다. 그저 입에 단 얘기가 아니라 적재적소에 필요한 얘기를 해 주는 것이죠.

아무리 내가 어떤 사람에게 어떤 얘기를 해 주고 싶어도 때가 아니면 기다릴 줄 알아야 합니다. 때가 아니라는 것은 그 사람이 그 얘기를 들을 준비가 안 되었다는 것입니다. 상대방이 듣고 싶어할 때를 기다렸다가 적시에 얘기를 해야지 괜히 얘기하는 것은 헛발질하는 거죠. 나도 피곤해지고 상대방도 피곤해질 뿐입니다.

항상 말은 가둬 놓았다가 적시에 상대방에게 그 얘기가 꼭 필요

훌훌 털어내세요 139

할 때 해주는 것입니다. 수련하다 보면 나중에는 그런 것이 다 보이기 때문에 어리석은 행동을 안 하게 됩니다. 기의 흐름을 보게 되어 쓸데없는 에너지 낭비를 안 하게 되는 거예요. 괜히 말해서 상대방이 기분 나빠지고 역으로 나에게 전달이 되어 나도 기분 나빠지는 불필요한 에너지 낭비를 안 하게 된다고요.

단체나 조직에도 보면 항상 기의 흐름을 어긋나게 하는 사람이 있어요. 다 이쪽으로 가고 있는데 툭툭 반대 방향으로 가는 사람이 있다고요. 노골적으로 그러기도 하고 은근히 그러기도 합니다.

기의 흐름을 주도할 수 있는 사람이 얘기를 할 때는 대화로서 의사가 전달되도록 하는 방법을 취하는데, 기의 흐름을 잘 모르는 경우에는 괜히 그냥 오가는 사람에게 한마디 툭툭 던지고 흐름을 자꾸 어긋나게 합니다.

사물을 보는 시각, 시점이 삐딱해 있으면 매사를 그런 식으로 하기 때문에 참 피곤합니다. 그러니까 소외되고, 스스로 외로울 때는 매사를 한 번 돌아보십시오.

수련자는 늘 어떤 것이 마음에 걸리면 일단 생각을 해보는 거예요. 남에 관한 것이든, 나에 관한 것이든, 조직의 움직임에 관한 것이든 '왜 그것이 걸리는가?'를 생각해요.

그렇게 계속 관하면서 수련 속에서 찾아봅니다. 그러면 반드시 이유가 나오거든요. 이유 없는 것은 없어요. 그 이유에 솔직해져야 되고 솔직해지면 스스로 '아, 그래서 내가 그렇게 걸렸구나' 하고 시인하고 행동하시는 것이 스트레스 덜 받고 탁기 양산을 덜 하는 방법입니다.

　스트레스를 분출할 수 있는 방법을 알지 못하는 사람들은 자신의 일에서 신바람 나게 해소시켜 주는 방법을 찾으시는 것이 좋습니다. 술을 마신다든지 하는 일회용 방법들은 바람직하지 않습니다.

　저는 수련을 하기 전에는 어려서부터 책 읽는 것을 통해서 해소를 했어요. 학교에서 무슨 일이 있었던 날은 집에 와서 책가방 탁 놓고 그냥 책을 보기 시작을 하는데, 정신없이 책을 보다가 자면 다음 날은 언제 그랬었냐는 듯이 싹 해소가 되곤 했어요. 저는 일찍부터 좋은 방법을 알았던 것이죠.

　직장 다닐 때도 경쟁, 인간관계의 비열함 등 굉장히 스트레스가 심했는데 그럴 때는 퇴근길에 책방에 들러 책을 빌려다 읽었어요. 주말에는 대하소설 같은 것을 쌓아놓고 얼마나 많이 읽었는지 나중에는 눈꼬리가 아프기까지 해요. 책을 너무 읽으면 양쪽 눈꼬리가 아파지거든요. 그리고 나서 월요일에 직장에 나가면 말끔하게 다 없어져 있죠. 그 밖에 운동 같은 것도 참 좋은 방법입니다.

　그런데 수련에 들어온 사람은 이런저런 방법을 찾을 것도 없이 처음부터 끝까지 수련을 통해서 해야 돼요. 수련하는 사람은 수련과 더불어 자신의 일을 신바람 나게 하는 것이 스트레스 해소에는 최고라는 것을 제가 글을 쓰면서 터득을 했습니다.

　처음에는 글 쓰는 작업이 아주 고통스럽기만 했어요. 글을 쓰려고 컴퓨터를 켜면 다음 순간 막막해져요. 백지를 앞에 놓고 앉아 있을 때의 그 막막함과 대책 없음이란 이루 말할 수가 없어요. 마냥 괴롭기만 하죠. 죽고 싶다는 생각마저 들어요.

그런데 하루 종일 끙끙거리다가도 저녁때쯤 보면 그래도 뭔가 그득하게 채워져 있는 것이 그럴 수 없이 참 기쁘더라고요.

그렇게 아침에는 죽을 것 같다가 저녁에는 살 것 같은 시간들이 되풀이되다가 나중에는 시간도 많이 단축되어 열 시간 정도 끙끙거리던 것이 점점 줄어서 한두 시간 정도로 시간이 줄어들게 돼요.

그렇게 되면 컴퓨터 앞에서 막막하고 죽고 싶은 것이 아니라 즐거워지고 뭔가가 떠올라서 신나게 막 쓰게 되고 머리 속이 맑아집니다.

탤런트의 새로운 변신

신문에서 유동근이라는 탤런트의 인터뷰 기사를 보았는데 참 멋지다는 생각을 했어요. 그 분이 '용의 눈물'이라는 드라마에 나왔는데 다음 작품에서는 학생들이 일곱 명밖에 안 되는 강원도 벽지의 초등학교 선생님으로 나온대요. 어린이 연속극인데 제목이 '옥수수와 일곱 감자'인지 그래요. 그분이 지금 개런티가 제일 비싼 탤런트잖아요. 회당 삼백만원인가 그렇다더군요.

그런데 인터뷰에서 그러기를 자기는 사극에서 보여줄 것은 다 보여 주었기 때문에 이제는 변신을 하고 싶다는 거예요. 그래서 지금 연기 준비를 하고 있다더군요. 그런데 그 준비라는 것은 다른 것이 아니라 자기를 몽땅 '비우는' 것이랍니다. 그래야만 새 인물을 담을 수가 있대요. 그래서 제가 참 멋진 사람이라고 생각한 것입니다.

이 수련이라는 것은 그렇게 있던 부분도 애써 비우는 거예요. 자기가 기존에 가지고 있었던 부분도 비우는 것인데 왜 없던 부분을 자꾸 채우려고 합니까? 그것도 남으로 채우려고들 하죠. 그러면 계속 불행해질 수밖에 없어요.

반면 있던 부분도 덜어내려고 하면 행복해지고, 또 비우면 비울수록 담을 부분이 많아지기 때문에 그릇이 커집니다. 그렇게 자꾸 정리하면서 그 비운 부분을 다름 아닌, 타인이 아닌 도(道)로 채우는 것이 공부의 과정입니다.

예를 들어 모자라는 부분이 돈이라고 해보세요. 다른 것은 다 있는데 돈이 없으면 돈을 쫓아가게 마련이죠. 그런데 이 수련하는 사람은 어떻게 하느냐 하면 돈이 자기에게로 찾아오게 만드는 거예요. 자신의 비어 있는 부분으로 찾아오게 해요.

어떻게 그렇게 할 수 있느냐? 돈이라는 것은 아이디어입니다. 어떤 사람이 훌라후프에 지압하는 장치를 달아 전세계적으로 수출해서 엄청난 돈방석에 앉았다는 기사를 읽었는데, 지금은 그렇게 전부 아이디어거든요.

돈이라는 것은 쫓아가면 영원히 도망가는데 자기에게로 끌어올 수 있으면 또 옵니다. 그 끌어오는 방법은 다름 아닌 자기 자신을 비우다 보면 아이디어가 떠오르는 거예요. 창조적인 생각은 쥐어짤 때 나오는 것이 아닙니다.

아무 생각 없이 텅 비어있을 때 문득 떠오르는 것들을 흔히 우리는 영감이라고 부르죠. 영감은 가득 찼을 때는 절대 안 나와요. 아무리 쥐어짜도 안 나와요. 쥐어짜면 그냥 남들이 하는 평범한 수준에서 머무르기 쉬운데, 자기를 텅 비우고 무심으로 파장이 딱 맞을 때 떠오르는 것이 영감이거든요. 그럴 때 아이디어가 떠오르는 거예요.

수련으로 계속 자기 자신을 비우다보면 그렇게 떠오르는 생각들이 있어요. 돈 번다고 하루 종일 바빼 뛰어 다녀봐야 그냥 어느 정도의 노동밖에는 못 하는데 가만히 앉아 있다가 갑자기 '무엇을 팔면 돈이 잘 벌리겠다' 이런 것이 떠올라요. 그렇게 하면서 돈을 끌어오는 것이지 따라가는 것이 아니라고요.

증권 같은 것도 그래요. 하루 종일 매장에 가서 아무리 머리 굴려봐야 안돼요. 그런데 텅 비우고 있으면 흐름이 보이거든요. 그렇게 해서 잡아내야 하는 거예요. 그렇게 하여튼 모든 면에서 이 수련이라는 것이 도움이 됩니다.

또 각자의 부족한 부분은 오히려 좋은 조건이라고 볼 수가 있어요. 예를 들어 배우자가 없다든가 또 배우자가 있어도 뭔가 채워주지 못하는 부분이 있다든가 이런 것들이 사실은 다 축복이에요. 그것을 채우면 다른 것 할 생각이 안 들거든요. 우리가 뭔가 부족할 때, 허기지고 배가 고플 때 먹을 생각을 하지, 항상 그득하면 아무리 산해진미를 갖다 줘도 그저 바라볼 뿐, 별로 그렇게 식욕이 동하지 않거든요.

도(道)도 마찬가지입니다. 막 도(道)에 허기지고 굶주려야 식욕이 동하지, 이미 자기 자신이 가득 채워져 있고, 책에서 읽고 다른 사람에게 듣고 해서 많이 가지고 있으면 그렇게 허기지고 그렇지 않아요.

그래서 이 도공부를 해야 하는 사람들은 스케줄을 짤 때 늘 작전상, 타의에 의하든 자의에 의하든 어떤 부분을 비워서 내려오는 거예요. 그것도 크게 비워서 내려와요.

그 부분이 바로 공부할 수 있는 조건이 되는 거예요. 그래서 세상적으로 보면 악조건이지만 수련의 안목에서 보면 그렇게 호조건이 있을 수 없는 것입니다. 그래서 자기한테 비어 있는 그 부분을 본인이 어떻게 생각하느냐에 따라서 행복해지기도 하고 불행해지기도 합니다.

좋은 쪽으로 보면 모자란 부분이 너무 축복입니다. '나는 이것을 교훈 삼아, 벗 삼아 수련을 하라는 것이구나' 이렇게 생각하면 참 좋은데, 부족한 부분을 계속 세상적인 안목으로 찾다 보면 불행해질 수밖에 없어요. 없는 부분에 대해서는 빨리 인정하고 수용할수록 수련의 길도 평탄해지고 인생의 길도 평탄해집니다.

건강을 잃고 태어났다거나, 지혜가 크게 모자란다든가, 감정이 너무 메말라 있거나, 의지가 부족해서 늘 작심삼일이라든가 각자 본인에게 부족된 부분이 있을 것입니다. 바로 그것을 어떤 형태로든 키워야 해요. 예를 들어 지혜가 부족하면 자꾸 지혜를 키우도록 해야 돼요. 방법은 이제 수련에 들어왔으니 수련을 통해서 키워야지요.

감정적인 면도 마찬가지입니다. 감정이 메마른 사람은 예술 작품을 많이 접한다든가 해서 그 부분을 키울 수 있는 분위기를 만드시고, 또 수련으로 키우시면 됩니다. 의지는 더 말할 것도 없이 수련을 통한 극기, 훈련 등으로 키우시는 것입니다. 그렇게 해서 부족한 부분을 채우시고 절대 남으로 채우려고 하지 마세요.

자신의 부족한 부분은 30대쯤 되면 대개 드러납니다. 20대의 경우에는 아직 알아보기가 어려워요. 젊다는 것 하나만으로도 무한한 가능성이 있다고 볼 수 있는데, 더군다나 20대에 수련의 길에 들어왔다면 한마디로 가능성 덩어리예요. 빌 게이츠 같은 사람은 유가 아니죠.

그러다가 30대쯤 되면 자신의 인생에서 어떤 부분이 부족한지를 알 수가 있습니다. 그리고 그것을 교훈으로 삼을 수 있죠. 그래서 어떤 부분은 더 이상 쫓지 말아야겠다, 어떤 부분은 좀 보충을 해야겠다 하면서 수련 속에서 방법을 찾으시기 바랍니다.

베풀겠다는 마음도 없어야

수련 자체가 목적이 되어야 한다고는 하셨는데,
'수련을 해서 나중에 베풀겠다, 열심히 해서 본성을 보겠다'
그런 욕심도 안 되나요? 그런 욕심으로 인해서라도
수련 자리에 앉을 수 있으면 좋은 것이 아닌가요?

제일 좋은 건 무심입니다. 이런 저런 생각도 없는 거죠. 베풀겠다는 생각도 없고 받겠다는 생각도 없는 것이 제일 좋습니다. 결국 자기가 갖추어지면 구제를 하게 되는 거거든요.

왜 베풀겠다는 생각조차 없어야 되느냐 하면, 베풀겠다는 생각이 있으면 반대로 받겠다는 마음이 있습니다. 남편한테 잘 하는 여자일수록 바가지가 심합니다. 마음속에 반대급부가 있어서 그런 거예요.

잘 해야겠다는 의식조차 없이 무심으로 하면 받겠다는 생각이 없기 때문에 요만큼만 해줘도 감격합니다. 반면 잘 해야겠다는 생각을 하면 받고 싶은 마음이 생겨서 아무리 해줘도 만족을 모릅니다.

명상을 하는 것도 마찬가지입니다. 내가 명상을 통해 기운이 커지고 맑아져서 사람들에게 베풀겠다는 마음이 요만큼이라도 있으면 수련이 안 돼요. 정도(正道)가 아니에요. 그런 마음조차 없어야 돼요. 결과적으로 그렇게 되어야 하는 것입니다.

뜻이 좋아도, 예를 들어 '내가 기운을 받아서 아픈 사람을 고쳐

주겠다' 이런 마음을 가지고 있다고 해보세요. 그러면 늘 마음속에 그런 게 있어요. '내가 수련해서 나 혼자 먹고살겠다는 게 아니라 아픈 사람 고쳐주겠다는 갸륵한 마음을 가지고 있는데, 왜 기운이 안 내려오는가?' 그래서 늘 불만이에요. 기운을 10을 주어도 항상 100에 대한 마음이 있어요. 왜냐? 좋은데 쓰려고 하는 마음이 있어서죠.

그런 것이 전혀 없을 때, 그냥 오로지 명상을 하고 싶고 맑아지고 싶고, 본성이 뭔지도 모르지만 하여튼 나의 원래 자리를 좀 알아가겠다는 마음 하나로 해야 돼요. 지금의 나는 내가 아닐 수도 있단 말이에요. 모든 것이 다 모순투성이, 모르는 것 투성이잖아요.

본래의 나를 알아가겠다는 일념으로, 그것도 우선은 거창하게 생각할 게 없어요. '나라는 사람이 뭐하던 사람인지만이라도 알고 싶다' 그런 마음 자체만 가지고 해야 합니다.

오로지 나를 찾고자 하는 마음 때문에 수련을 해야 하고 자연히 기운이 주어지는 겁니다. 아무 마음이 없어야 되거든요. 오로지 진리를 알고 싶어서, 모르는 것이 너무 많고 답답하니까 우선 나를 알고 싶다는 마음만 가지고 수련해야 합니다. 그러다 보면 결과적으로 다른 것들이 오는 겁니다.

저는 구원이라는 말도 싫어합니다. 남에게 베푼다거나, 중생을 구제한다는 말도 없어야 돼요. 누가 나한테 뭘 주었는지 그런 것도 알 거 없고요.

'누가 나한테 뭘 줬지' 하면 벌써 갚아야 된다는 부담 때문에 자연스럽지가 않아요. 거래가 되는 거예요. 주는 것도 그렇습니다. 항상 남한테 줘도 잊어버려야 돼요. 내가 줬는지 안 줬는지 기억하지 말아야죠.

그게 무심이에요. 자기는 그냥 보통 하듯이 했는데, 남한테 잘하는 게 되는 것이어야 합니다. 잘하려고 해서 잘하는 건 이미 잘하는 게 아니에요.

마음을 여는 것은 '진심'

마음을 열려고 할 때 어떤 방법을 통해서 해야 하나요.

사람의 마음을 열려고 하는 것은 거짓으로는 절대 안 되고 진실을 통해서 해야 합니다.

속 내용을 드러내면 약점이 될 수도 있지 않습니까?

드러낼수록 좋은 것입니다. 있는 그대로 드러내는 것이 대단하죠. 두려울 게 뭐가 있습니까? 하늘에서 다 알고 있는데 사람들한테 감춰본들 뭐합니까? 부부간에 불화 있는 사람들, 상대방의 마음을 열지 못하면 문제가 있는 거죠.

마음을 열게 해야 합니다. 열면 다 착한데 움츠러들게 하니까 불화가 생기는 겁니다.

따뜻하게 진실하게 있는 그대로 해 주는 사랑밖에 없습니다.

무심(無心)

무심이라는 것이 마음을 완전히 텅 비운다는 뜻인가요?

그렇죠. 그런데 그 '비운다' 라는 것이 무엇인지도 잘 모르거든요. 자꾸 비우다 보면 비운다는 것이 진짜 무엇인지를 알게 됩니다.

깨닫는다는 것이 쉽지가 않아서 참 오래 걸리는 일입니다. 10년은 걸리는 일이에요. 알고 보면 참 간단한데요.

그렇게 비우지를 못하니까 수련법에서 비우는 방법으로 단전으로 내려 보내고 하는 방법 등을 알려드리는 것입니다. 아직 이런 저런 갈등이 있는 것은 당연합니다.

수련을 하다보면 나중에는 진짜 편안한 상태가 되어 심지어는 '아, 이렇게 편안해도 되나' 하는 생각까지 듭니다. 너무 편안해서 '무슨 사건이라도 있었으면 좋겠다. 이래도 되는 건가' 하게 된다고요. 그래서 오히려 비가 오고 바람이 불면 반가운 생각마저 들어요.

**요즘같이 밤에 천둥, 번개 치고 비가 많이 와도
무심으로 계시는지요?**

자연스러운 것이 가장 좋습니다. 그런 것들은 자연이 자기를 표현하느라 소리를 내는 것이니까 그냥 있는 그대로 받아들이는 것이 좋아요. 인위적으로 비를 줄인다든지 자연을 크게 거스르는 것은 바람직하지 않습니다.

자연 현상은 다 필요해서 일어나는 것이고 그럴 지경까지 갔기 때문에 그렇게 되는 것입니다. 그래서 너무 많이 좌우하는 것은 좋지 않아요.

명상을 하다보면 자연 현상에 관여할 수 있는 방법이 터득이 되는데 받을 만한 분이 계시면 전수를 해줄 수 있으면 좋겠네요. 비를 조절하고 하는 것도 저절로 되는 것이 아니라 지금 우리가 하는 수련법을 응용해서 나오는 것입니다. 그러니까 평소 하는 수련이 다 나중에 운기할 수 있는 기초가 된다는 것을 명심하십시오.

우주를 움직이는 법칙이 있어서 그 법칙만 알 수 있으면 끝나는 것입니다. 공식에 대입만 하면 되는 물리 문제와 같습니다. 비는 어떻게 오고, 폭풍은 어떻게 오고, 바람은 어떻게 부는지 법칙이 있어서 그것만 알면 운기를 할 수 있는 거예요.

그러니까 기초는 전부 지금 우리가 하는 수련법들이 다 쌓이고 쌓여서 거기서 아이디어가 나오는 것입니다. 요점을 파악하면 큰 기운도 부를 수가 있고 파악을 못하면 작은 기운도 못 부르죠. 그런데 응용은 다 같은 데서 하는 거예요.

　기운이라는 것은 높은 데서 낮은 데로 흐르는 법칙이 있거든요. 그것을 이용해서 여기에 있는 것을 저기에 옮겨 놓으면 되는 것입니다. 그렇게 흐름을, 방향을 트는 것이 원리입니다.

마음주머니

　단전은 '마음의 주머니' 입니다. 따라서 마음이 새는 곳이 있으면 단전이 열립니다. 평소에 단전 강화 수련을 해서 튼튼하게 해 놓았어도 조금만 방심하면 단전이 열려요.

　특히 기운이 자꾸 빠져 나가는 것 같은 분은 항상 '마음'을 단속하시고 단전 강화 수련을 많이 하십시오.

　단전 강화법도 처음에는 4, 50분씩 걸리다가 바느질이 능숙해지면 나중에는 5분만에도 할 수가 있어요. 그리고 수시로 단전을 점검하시기 바랍니다.

　오늘 제가 단전을 점검해 드렸는데 단전에 구멍이 많다고 알려드린 분들은 수련하면서 다 메우시기 바랍니다.

단전은 24시간 어느 순간에도 열어놓는 것이 아닙니다. 마음 좋은 사람들은 단전을 펑펑 열어 놓기도 하는데 마음은 누구에게 주는 것이 아닙니다. 항상 자기가 가지고 있는 거예요. 늘 단전 안에 자기 마음을 가두시기 바랍니다.

자기 단전 안에 자기 마음이 있어야 되고 단전이 점점 커져서 '마음의 향기'가 널리 퍼져 나가는 것이지 마음 자체는 누구와 주고받는 것이 아니에요.

마음의 표현이 기(氣)거든요. 기도 마찬가지로 누구와 주고받는 것이 아닙니다. 기는 항상 자기가 가지고 있으면서 기의 장(場)이 넓어지면 일부러 주려고 하지 않아도 자연히 향기가 갑니다. 항상 자기 기운은 자기가 갖고 있는 것입니다.

마음이나 기는 주고받는 것이 절대 아니라는 것, 주고받는다고 사랑이 아니라는 것을 명심하십시오. 항상 각자 제자리에 있으면서 자신의 기운을 키우고 넓혀 나가면 자연히 그 영향을 서로가 받게 됩니다.

처음에는 단전이 작아서 자기 하나 담기에도 벅찹니다. 그런데 하물며 남에게 기운을 줄 수 있겠어요? 점점 단전의 용량이 커져서 남사고 선인 말씀에도 나오듯이 산천초목, 일월(日月)이 있는 상태가 될 때 비로소 단전 안에 남을 들여 놓을 수 있습니다.

스스로 자신의 기운을 키워서 단전의 용량이 커지면 그렇게 하라고 하지 않아도 상대방이 내 단전 안에 들어오게 돼요. 그러면서 그 기운과 향기로 덕을 입히는 것이지 자기 마음을 누구에게 주거

훌훌 털어내세요 153

나 상대방의 마음을 가져오는 것이 아니에요.

따로 말씀을 안 드려도 늘 단전을 관리하십시오. 수련생은 첫째가 자신의 단전 관리입니다. 단전 관리를 못 하면 수련을 백 날 해도 소용이 없어요. 밑 빠진 독에 물 붓기거든요. 늘 새지 않는지를 염두에 두시고 단전을 살펴보십시오. 단전 관리가 첩경입니다.

남사고 선인 말씀에도 있듯이 자신의 것을 최초로 관리하는 것이 단전 관리입니다. 그러니까 단전 관리를 못 하면 자기 관리를 못하는 거예요. 단전을 어떻게 관리하느냐 하면 기운이 새나가는 곳을 막아야 하는데 그러려면 마음이 새는 곳을 단속해야 합니다.

왜 참견하시나요?

마음이 새는 것은 왜 그러냐 하면 나의 일과 남의 일이 구분이 안 되서 남의 일에 참견을 하기 때문입니다. 살아오시면서 습관처럼 남의 일을 내 일같이 생각하시는데 그럴 때 마음이 새죠.

부부간, 부모 자식 간에도 항상 나의 일이라고 생각해서 참견하는 습관이 있습니다. 자신의 일만 하고 수련만 하면 됐지 남의 일에 참견을 할 필요가 없어요.

남의 일 참견하는 것이 수련자에게는 아주 금기 사항입니다. 옆에서 어떻게 하더라도 남의 일은 참견하지 마십시오. 또 남한테 영향 받지도 마시고요. 남이 옆에서 아무리 어떻게 해도 내가 영향 받지 않으면 되는 거예요.

나는 항상 나에게서 영향을 받는 것이고 내가 '나를' 내 마음대로 할 수 있는 것이 수련이지 '남을' 내 마음대로 하고자 하는 것이 아닙니다.

자기 힘으로 할 수 있는 일이 있고, 할 수 없는 일이 있는데 남의 마음을 움직이는 일은 자기 힘으로 할 수 없는 일입니다. 한 사람의 마음을 움직이는 것은 우주를 움직이는 것과 같은 엄청난 에너지가 소모되는 일인데, 더군다나 수련을 해야 하는 입장에서 왜 그런 일을 하겠습니까?

내 마음만 내가 움직일 수 있으면 되는 것이지 왜 남의 마음을 움직이려고 애를 씁니까? '저 사람의 어떤 점이 못마땅한데 내가 좀 고쳐 봐야겠다, 기필코 고쳐 보겠다' 하고 벼르는 이상 수련이 진전이 되지를 않습니다. 각자의 소관이지 내 소관이 아니라고요.

항상 내 일과 남의 일을 구분하시고 수련자는 남의 일에 관심을 갖지 않는 것이 관계의 기본입니다.

참견할 일이 있으면 그 때는 제가 참견을 하게 되는데 가만히 두고 보다가 결정적인 때에 가서 '저렇게 하면 도저히 수련이 안 되겠다' 할 때 관여를 합니다. 제가 그냥 가만히 있는 것이 아니라 평소 수련자의 일거일동을 다 보고 있거든요.

더 이상 수련이 안 되겠다 싶을 경우에는 꼭 제동을 겁니다. 그냥 두고 보는 동안에는 스스로 알아서 하기를 기다리는 것입니다. 그러니까 수련생 개개인들은 남의 일에 관여하지 말고 자신의 수련만 하십시오.

하늘에서 베푸시는 덕

흔히 '그릇이 크다', '그릇이 작다' 하는 얘기를 하는데 '그릇'이 무엇인지 아십니까?

제가 전에 같이 수련하던 분들을 보면서 참 이상하다는 생각을 많이 했었습니다. 왜냐하면 수련을 해도 그릇이 바뀌지 않았기 때문입니다. 그러니까 원래 그릇이 접시 크기였으면 수련을 아무리 해도 여전히 그릇을 바꾸지 못하고 계속 그 정도이더군요. 그래서 과연 '그릇이 뭔가?' 궁금했습니다.

지난번에 하늘이 나에게 베푸는 것은 덕(德)이고 땅이 나에게 베푸는 것은 기(氣), 그리고 덕과 기가 합쳐지면 생(生)이라고 말씀을 드렸습니다. 그렇게 해서 생명이 창조될 수 있는 기반이 되는 것입니다.

흔히 기가 하늘에서 베푸는 것이라고 알고 있는데, 기는 땅이 나에게 베푸는 것이고 덕이 하늘에서 베푸는 것입니다.

그릇이란 바로 '덕'을 말합니다. 덕을 많이 타고나면 그릇이 크다고 하고 덕을 적게 타고나면 그릇이 작다고 하는 것입니다. 덕이란 타고나는 것이어서 어떤 사람은 덕을 조금 타고나고 어떤 사람은 덕을 많이 타고 태어납니다.

또 어떤 사람은 덕은 많이 있는데 기운이 없기도 합니다. 시골 촌로들 보면 법 없이도 살 수 있는 분들이 많이 있죠. 그렇게 덕은 있는데 가동을 해서 뭘 좀 해볼 수 있는 에너지, 즉 기운이 없어서 타고난 덕을 제대로 발휘하지 못하고 돌아가시는 분들이 많이 있습니다.

지식이나 다른 것과 달리 덕은 후천적으로 갖추기가 상당히 어렵고 그릇을 바꾸지도 못합니다. 수련을 많이 해서 기는 상당히 장해져도, 그릇 자체는 찌그러지면 찌그러진 대로, 양재기면 양재기, 냄비면 냄비인 채로 있는 것입니다.

그럴 것 같으면 '수련이라는 것이 아무 의미가 없지 않은가?' 이렇게 생각할 수도 있죠. 그런데 수련을 통해서 그릇을 바꾸지는 못해도 그릇에 담는 내용은 바꿀 수가 있더군요. 그릇에 담는 내용이란 '기운'을 말합니다.

그리고 점점 수련을 해 나가다 보면 그릇을 바꿀 수도 있습니다.

방법은 그릇을 없애는 것이에요. 그릇의 경계가 없어져서 타고난 그릇 자체가 없어지면 그릇도 바뀌고 그릇에 담는 내용도 바꿀 수 있는데 대개 수련하시는 분들이 그런 경지까지 미처 도달하지를 못해서 그런 것이었습니다.

수련을 열심히 하면 단전의 크기가 점점 커집니다. 왜냐하면 담는 내용이 많아지기 때문입니다. 마치 풍선이 부풀듯이 맑고 강한 기운으로 채워지고 다져져서 그릇이 점점 커지고 경계가 없어지면 그 때 비로소 타고난 그릇을 벗고 그릇이 없어지는 상태가 되는 것입니다.

타고난 그릇 바꾸기

그릇이란 껍질입니다. 에고(ego)라고 하죠. 하늘로부터 덕을 받아서 그 그릇으로 살아가다가 수련을 하면서 좋은 기운 즉 천기와 우주기를 계속 받다보면 그 기운의 힘으로 그릇이 마모되어 없어지는 것입니다. 에고의 껍질을 벗는다고도 표현하는데 이와 같은 방법이 수련으로써 자기를 변화시킬 수 있는 방법입니다.

한편 어중간히 수련해서 에고만 점점 더 커지고 그 어중간한 그릇에 기운만 강해지면 그 때는 오히려 좋지 않은 일을 저지르게 됩니다. 기운이 없으면 죄는 저지르지 않죠. 자기 자신 하나 먹고살기도 바빠서 안 좋은 생각을 안 해요.

그런데 그릇은 작으면서 기운이 자꾸 강해지면, 더구나 좋지 않은 지기로 강해지면 그 때 일을 저지르는 것입니다. 죄를 짓게 됩니다.

단전이 단지 같은 모양이라고 말씀을 드렸는데, 왜 저런 단지 같은 모양이 됐을까 하는 생각해보신 적 있습니까? 하필이면 왜 저런 모양일까?

물론 다 저런 모양은 아니에요. 기존의 단전이 너무 엉성하고 쓰지 못할 상태여서 지난번에 단전재건 수련으로 일시에 단전을 새로 지급 받았는데도 다 저런 모양은 아닙니다. 성격의 치우침 등에 따라 깔때기처럼 밑으로 갈수록 좁아지는 것도 있고 반대로 위가 가늘고 아래가 넓은 것, 한쪽으로 기울어지고 삐뚤어진 단전들도 더러 있습니다.

그렇게 된 이유는 전후좌우의 불균형, 사고방식의 불균형 같은 것 때문입니다. 몸 자체가 조화를 이루면 그렇지 않습니다.

상단은 많이 발달됐는데 하단이 너무 부실하다거나 반대로 하단은 잘 발달됐는데 상단이 부실하다든지 이렇게 상하가 불균형하면 군신간의 불화, 부자간의 불화로 나타납니다. 직장에서도 상사와의 관계가 매끄럽지 못하고 아랫사람들과 불화가 있고 그렇습니다.

　좌로 혹은 우로 치우쳐 있는 좌우 불균형이 있으면 친구나 동료 간의 불화가 옵니다. 좌는 양이고 우는 음인데 양은 밖으로 드러나는 것입니다. 만약 좌측이 많이 발달되고 우측이 덜 발달되면 바깥에서 하는 친구관계는 아주 좋은데 가족간, 형제간의 불화가 있습니다.

　한편 사고방식의 불균형도 나타나게 되는데 좌로 치우치면 상당히 비판적이고 우로 치우치면 너무 동정이 많아서 인정에 끌려 다니게 됩니다.

　또한 앞뒤 불균형도 있는데 임맥*·독맥*의 불균형을 말합니다. 임맥이 막히면 실천력이 없어요. 그래서 무언가를 하려고 의욕을 냈다가도 임맥의 어느 부위 즉 단전, 중단, 회음, 인중 이런 부분이 막혀 있으면 귀찮아서 그냥 주저앉아 버립니다.

　한편 독맥이 막히면 잘 잊어버립니다. 무슨 일을 하려고 마음을 먹었고 실천력도 있는데 며칠 지나면 까맣게 잊어버리는 거예요. 자기가 뭔가를 하려고 했었다는 것조차 잊어요. 앞뒤 불균형은 그런 식으로 나타납니다. 시간적인 불균형이라는 것이 바로 그런 뜻입니다.

---

* 임맥(任脈) : 기경팔맥(奇經八脈)중의 한 맥으로 성기 바로 아래의 회음혈에서 시작하여 복부 및 흉부의 정중선을 따라 직상하고 승장혈에서 끝나며 독맥과 교회하는 경맥
* 독맥(督脈) : 기경팔맥중의 한 맥으로 꼬리뼈 미려혈에서 시작하여 척추를 순행하고 은교혈에서 끝나며 임맥과 교회하는 경맥

처음에는 위에서 볼 때도 아래에서 볼 때도 옆에서 볼 때도 똑같이 원만한 단전을 지급 받았는데 본인의 몸의 불균형 또는 사고방식의 불균형이 스스로 그릇을 원만하지 못하게 만드는 것입니다.

이런 사실을 늘 염두에 두고 생활하시면서 계속 자신의 상태를 점검해보세요. 상사와의 갈등을 빚고 있는 분들은 상하 불균형이 아닌지 보시고, 동료나 친구들과 계속 불화를 빚는 분, 친구가 없고 외톨이인 분들은 좌우 불균형 쪽으로 생각을 해보셔야 됩니다.

앞뒤 불균형도 마찬가지입니다. 잘 잊어버리거나 실천력이 없을 때는 임독을 유통시켜 보세요. 몸은 마음을 담는 그릇이기 때문에 천지유통* 같은 수련을 많이 해서 임독의 경락을 다 열고 몸의 불균형이 해소되면 마음도 바로잡아집니다. 반대로 마음도 그렇게 스스로 교정을 하면 몸도 바로잡아지게 됩니다.

건강한 몸과 건전한 정신은 같이 가는 것이기 때문에 문제가 있으면 마음과 몸을 같이 점검해보셔야 됩니다. 균형 잡힌 사람이 되기가 참 어려워서 어느 면에서나 원만하고 항상 균형 잡힌 시각을 갖기가 참 어렵습니다.

반대로 생각해볼 수도 있습니다. 내 몸을 잘 모르겠다는 분은 주변의 관계를 보십시오. 인간관계, 가족관계에서 계속 특징적으로 나타나는 것들이 있을 것입니다.

윗사람하고는 아주 잘 지내는데 아랫사람하고 잘 못 지내는 분

* 천지유통 : 뒤쪽 선계수련과정 참조

들 있죠. 상사에게는 아주 예스맨인데 부하직원들에게는 인색한 분들입니다. 그런 분들은 그릇이 너무 위로 치우쳐서 그렇습니다. 위로는 한없이 너그러운데 밑으로 갈수록 좁습니다.

반대로 윗사람과의 관계가 괜히 삐딱한 사람도 있어요. 상사에게는 무슨 말을 해도 삐딱하게 나가는데 자기보다 수가 아래인 사람들, 만만한 사람들하고는 더없이 잘되는 사람들입니다. 그런 분들도 그릇이 치우쳐 있어서 그렇습니다.

바닷물에 잉크 한 방울

덕(德)이라는 것은 받아들일 수 있는 마음입니다. 다 어루만지고 수용하는 거예요. 그것이 그릇의 크기입니다. 상대방이 나와 다르다고 해서 인정 못하면 안 되고 나와 전혀 생각이 달라도 인정하고 받아들이는 것입니다.

바닷물에 잉크 몇 방울 떨어져봐야 아무 영향이 없듯이 그릇이 크면 아무 움직임이 없는데, 그릇이 작으면 누가 조금만 무얼 던져도 아우성을 하고 난리가 나는 것과 같은 원리입니다.

전에 어떤 분이 수련하면서 자신의 그릇을 보니까 크기가 종이

컵 만하더라고 말씀을 하시더군요. 그런 것을 말할 수 있다는 것이 놀라운 일이죠.

만일 그런 정도의 크기라면 자기 자신도 다 못 담습니다. 자기도 다 수용을 못해서 자기의 어떤 부분만 담는 거예요. 좋은 부분만 담죠. 나머지 부분들은 전부 그릇 밖으로 삐죽삐죽 나와서 흉한 모습이 됩니다.

그런 부분, 자신의 부족한 자질이나 가정환경 같은 것을 누가 건드리거나 언급하면 비명을 질러댑니다. 자기가 받아들이고 싶은 면만 인정하고 나머지 부분들은 전부 내 탓이 아니라고 하면서 내 의사와는 상관없이 피동적으로 주어진 여건이라고 거부하는 거예요. 그러나 그릇이 크고 덕이 풍부하면 다 수용하고 있는 그대로 받아들여서 모두 내 것이라는 것을 인정합니다.

그릇이 커지면 자기도 담고 남도 다 담고 그러고도 한없이 남아요. 처음에는 저도 불가능하다고 생각했었는데 담는 내용이 좋으면 그릇을 전부 마모시키더군요. 기존의 것들을 없애고 깨뜨려서 한없이 넓어집니다. 그릇은 바꾸기가 어려우니까 그런 식으로 우선 담는 내용을 바꾸셔서 점점 넓혀 가시기 바랍니다.

자기 자신을 돌아보셔서 무엇이든지 다 받아들일 수 있고 누가 뭐라고 해도 거리낌이 없다면 '나는 그래도 괜찮은 사람이구나' 라고 생각하시면 됩니다. 있는 그대로 수용하는 것입니다.

그런데 자신이 볼 때도 어떤 면이 자꾸 눈에 띈다면, 특히 단점이 눈에 띄고 좋은 면보다는 나쁜 면이 계속 확대되어 보여 진다면

'내 사고방식에 조금 문제가 있지 않은가?' 스스로 한번 점검을 해 보아야 합니다. 아주 편협하기 짝이 없는 상태로 남 칭찬하는 데는 인색하고 어쩌다 한 마디 하면 비판적인 얘기죠. 타인이나 사회 전반에 대해 모든 것을 바라보는 눈이 그렇게 따뜻하지가 않습니다.

사람들이 모여 사는 사회는 아무리 구도단체일지라도 완벽할 수는 없습니다. 결점이 있기 마련이에요. 그러므로 항상 어떤 자세여야 되느냐 하면 본인이 취할 점을 취하면 되는 거예요. 나머지는 보지 않으면 되는데 성격상 굳이 그런 것들을 끄집어내서 고치고자 하는 사람들이 있습니다.

어떤 모임이나 흐름에서는 반드시 배울 것이 있죠. 현명한 방법은 자기가 그 배울 점만 배우면 되는 것입니다. 굳이 바꾸고 싶을 때는 일단 자기 자신을 먼저 바꿔서 그 향기가 옆 사람에게 전달되도록 하는 방법이 좋습니다.

사회를 바꾸고자 하는 마음이 있다면 그런 방법이 가장 좋은 방법이죠. 자기 스스로 모범을 보임으로써 옆 사람이 저렇게 되고 싶다고 할 수 있게 하는 것이 가장 좋습니다.

내 성격 나도 몰라요

재능이 뛰어난 사람은 타의 귀감이 되어 영성을 깨는 역할을 하고,
수련을 하는 사람들은 지극히 평범하게 태어난다고 하셨는데요.
그런 것이 정신적인 면에서도 적용이 되는지요?
즉 수련하는 사람은 인격이나 성격도 중간으로 태어나는지요?

그런 면에서는 괴팍한 사람들이 많아요. 공부를 위해 나온 경우에는 아주 치우쳐서 중용으로 가는데 애를 먹는 사람이 많습니다. 대답이 잘 안 됐나요? 그 질문을 하게 된 배경이 무엇인지요?

생(生)이 여러 번 되풀이되는데, 부지런하다가 게으르다가 하고
머리가 좋다가 나쁘다가 하는 것처럼 연속성이 없어지면
허무하다는 생각이 들어서입니다.

태어날 때 4가지 인자를 선택해서 내보낸다고 전에 말씀드렸죠. 그 중 영성, 지혜 이런 것은 비슷한 수준에서 나오더군요. 전에 영성이 어느 정도까지 진화됐으면 다음 생에서는 조금 더 진화된 상태로 나오는 것입니다.

그런데 부지런하고 게으른 것은 다른 차원인 것 같아요. 기운이 없고 몸이 따라주지 않아서 게을러지는 경우가 있고, 의욕이 없어서 게을러지는 경우가 있고, 또 의욕이 없는 이유도 꿈은 너무 높은데 현실이 너무 안 따라서 그냥 의욕이 안 생기는 경우 등 여러

가지가 있어서 일률적으로 말하기가 어렵습니다.

그러면 성격이 한 쪽으로 많이 치우쳐 있어서 대인관계에
문제가 많은 사람은 난이도가 높은 코스를 선택해서 나온 건가요?
공부를 위해서라지만 일부러 그런 성격을 선택해서
나오는 사람도 있습니까?

그것이 본인이 선택한 것인지 주어진 것인지는 더 연구해보아야 됩니다. '혼 좀 나 봐라' 해서 그렇게 치우친 성격이 주어질 수가 있거든요. 그런데 질문의 핵심이 무엇이지요?

가끔 내 성격은 왜 이럴까, 과연 내가 공부 차원에서 이렇게 된 것인지
아니면 그냥 모자라서 그런 것인지 궁금할 때가 있습니다.

수선회지에 보니까 왕자병이라고 나와 있던데, 공부하면서 항상 분수를 보면 될 것 같아요. 자신의 분수에 맞게, 즉 학생이면 학생에 맞게 분수를 지키면 됩니다. '겉 넘는다' 하는 표현이 있죠. '주제 넘는다' 고도 할 수 있고요. 이 수련하는 분들은 그렇게 확 뛰어넘는 사고방식을 가지기가 쉽습니다. 1차원에서 5차원으로 갑자기 도약할 수 있는 사람들이 대개 수련을 합니다. 한발 한발 가는 분들은 참 드물어요.

이렇게 앉아 있다가도 어느 날 갑자기 휙 날아가는 거예요. 황당한 사람들이죠. 그런 성격들이 있기 때문에 분수를 보면서 한발 한발 간다고 생각하면 실수가 없을 것 같습니다.

하지만 자신에 대해서 왕자다, 공주다 하는 것은 좋습니다. 희망을 갖는 것이잖아요. '나는 하녀다' 하는 것보다는 낫죠. 너무 거기에 도취되어 남들이 병이라고 놀리는 수준이라면 곤란하겠지만. 왕자가 되어야지 '왕자병'이 되면 곤란합니다.

느낌을 잊어버려야

마음에 관한 사항을 끊는 것... 도대체 무슨 말인지 이해가 안 된다는 분이 계신데 희노애락애오욕, 즉 느낌에 대해서 느끼지 않는 것입니다. 어떤 느낌이 오면 계속 깊이 들어가는 것이 아니라 그 느낌 자체를 잊어버리는 거예요.

갑자기 누가 전화해서 굉장히 기쁜 소식을 알려줘도 그 기쁨을 오래 간직하지 않고 이내 잊어버립니다. 슬픔도 마찬가지로 느낌을 하지 않는 것입니다.

사람이기 때문에 무슨 얘기를 들으면 마음에서 반응이 오죠. 반응조차 오지 않는 것은 아닌데 그 반응을 금방 잊어버리는 것입니다.

그리고 항상 무심의 상태, 비어 있는 상태로 있는 것이 지감(止

感)하는 상태입니다. '느낌을 멈춘다', '감정이입이 안된다', '감정의 흔들림이 없다' 다 같은 말입니다.

전에 제가 수련 시작할 당시에 알던 분 중에 한의원 원장이 있었는데 환자가 많아서 하루 종일 굉장히 바빴어요. 그런데 퇴근할 때 만나보면 항상 쌩쌩한 거예요. 그래서 삼사백 명씩 환자를 보고도 어떻게 그렇게 쌩쌩하냐고 물었더니 자기는 무심으로 한다고 얘기를 하더군요.

환자를 볼 때 여자인지, 남자인지, 아이인지 어른인지, 돈이 많은 사람인지, 없는 사람인지, 얼굴 생김은 어떤지 등 잡다한 생각을 하지 않고 그냥 환자로만 본다는 거였어요.

일할 때 피곤해지는 이유는 항상 감정을 섞기 때문입니다. 예를 들어 거래처 사람하고 마찰이 생겨서 일이 잘 안되고 상사로부터 꾸지람을 들으면 화도 나고 부당하게 여겨지기도 하겠지만 그럴 때도 그냥 무심으로 드십시오.

거기에 같이 감정 섞어 가며 얘기하다 보면 더 지치고 피곤해질 뿐 아니라 때로는 단전을 막 놓치기도 하거든요. 그런데 상대방이 얘기하는 것을 들어주고, 그럴 수도 있다고 얘기하고 또 이 쪽 입장도 얘기하면서 타협점을 찾으면 화가 안 납니다.

사실 일 자체는 그렇게 힘들지 않은데 옆 사람에게 괜히 신경 쓰고 일에 감정을 이입시키기 때문에 지치고 피곤한 것입니다.

사회생활은 하되 느낌을 갖지 않는 자세, 행여 가져도 이내 잊어 버리는 자세가 필요합니다. 만약 옆 사람이 계속 볼펜으로 딱딱 소리를 낸다고 해보세요. 그런 것이 한번 걸리기 시작하면 계속 불편해집니다. 그럴 때는 그 상태를 그냥 잊어버리는 거예요. 그러면 소리가 들리지 않게 되는데 그런 것이 지감입니다. 소리는 귀로 듣는 것이 아니라 마음으로 듣는 것이기 때문입니다.

장예모의 '화혼(華婚)'

지감(止感)이라는 것은 느낌을 멈추는 것인데 영화를 한 편 소개하면서 말씀을 드리겠습니다. 중국 영화인데 제목이 화혼(畵魂)이에요. 감독은 장예모이고 공리가 주연한 영화입니다.

공리가 기생 출신 화가로 나와요. 원래 기생은 아니었는데 너무 가난한 나머지 부모가 딸을 팔아서 기방에 갔거든요. 그러다가 그 지방에 부임해 온 관리하고 만나 사랑을 하게 되는데 이상하게 임신이 안 되는 거예요. 알고 보니 기방에서 약을 먹여 아이를 못 낳게 된 것이었습니다.

우리나라도 그렇지만 중국도 반드시 자식을 낳아야 하는 사회 분위기가 있잖아요. 그러니 그 실망감은 이루 말할 수 없죠.

한편 고향에는 그 남자의 정혼한 여자가 있었는데 공리가 남편이 부르는 것처럼 편지를 써서 시골에서 그 여자가 올라옵니다. 남자는 안 만난다고 질색을 했지만 공리가 억지로 방안에 들여 놓고 동침을 하게 해요.

그리고는 자기는 어떻게 했을 것 같습니까? 옆방에서 옷을 다 벗어요. 그래서 무얼 하려나 했더니 거울 앞에서 붓을 들고 자기를 그려요.

그 장면을 보고 제가 '아, 참 멋지다.' 라는 생각을 했습니다. 자기 자신을 사랑해 주는 방법이죠. 바로 그것이 지감입니다.

무슨 설명을 하려고 이 영화 얘기를 했냐 하면 그렇게 마음의 동요가 없는 상태, 느낌을 멈춘 상태가 바로 지감이라는 거예요. 부처라 하더라도 돌아앉는다고 하는 상황이잖아요. 자기가 사랑하는 남자가 다른 여자하고 있는데 흔들림이 없을 수 없어요. 그런데 그것을 그림으로, 예술로 승화를 시키더라고요.

사랑하는 사람이 다른 사람을 만난다는 것은 참 괴로운 것입니다. 그러니까 바람 피울 때는 '내 배우자가 이 사실을 알면 어떨까?' 하는 생각을 한번 해 보세요. 아마 마음이 죽을 것같이 아프고 지옥 같을 것입니다. 그런데 그 순간에 그림을 그리면서 승화를 시키더라고요.

그 후 남자는 그 여자와의 사이에 아들을 낳았고, 마침 문화 혁명이 나서 예술가들이 많이 핍박을 받게 되어 공리는 프랑스로 유학을 갑니다.

프랑스라는 나라가 얼마나 자유스러워요. 유학 온 동료들도 많이 있어서 같이 그림도 그리고 밤새워 토론도 하고 그랬는데 그 중 한 남자가 또 이 여자를 좋아하게 돼요. 전의 남자보다 훨씬 현대적이고 멋있는 남자였는데 여자가 거절을 했어요.

자기는 이미 마음에 두고 있는 남자가 있는데 상대방은 자신만을 생각해 주므로, 그대로 받아들이는 것이 불공평하다고 합니다. 그리고는 계속 그림만 그리면서 고독하게 혼을 불태우는 거예요. 사랑하는 사람에 대한 그리움을 그냥 삭히면서 그림으로 불태워요.

세월이 흘러 공부가 끝나 다시 돌아와 보니까 그 남자는 본부인에게서 아들만 낳은 것이 아니라 줄줄이 아이를 낳고 잘 살고 있었어요. 자기는 그렇게 고독하게 이 남자만 생각하면서 그림으로 불태웠는데 이 남자는 그렇지 않았던 거죠.

그래도 여자는 전혀 흔들리지 않더군요. 상대방의 입장을 이해하는 거예요. 또 그 부인의 입장도 이해하고 그 아이들을 안아 주면서 아주 예뻐해요. 바라보는 눈빛에 질투 같은 것이 전혀 없더군요.

나중에는 아주 대단한 화가가 되어 중국 정부에서 금하는 그림도 그리고, 교단에서 쫓겨나기도 하는데도 무릅쓰고 표현을 합니다. 시대에 역행하는 그림을 과감하게 그리면서 흔들림이 없는 거예요.

그런 것이 바로 '지감'이라는 말씀을 드립니다. 제가 명상을 하기 전에 본 영화였습니다.

명상을 하시는 분들은 바로 그런 마음 자세를 가져야 되겠죠. 만일 남편이 그런다고 나도 맞바람 치면 삼류가 되는 것이고 같은 소재를 가지고도 그렇게 승화를 하시면 예술이 되는 것입니다. 영화에서는 주인공이 수련도 안 했는데 그런 경지가 되더군요.

사랑이라고 해서 다 귀하고 성이라고 해서 다 천한 것이 아니라 항상 소재는 같은데 어떻게 하느냐에 따라 예술도 되고 천박해지기도 하는 것입니다.

여기 수련생들은 삼류가 아니라 예술로써 혹은 수련으로써 승화시키기를 바랍니다. 한 가지에서 얼치기면 안 봐도 뻔해요. 이것도 저것도 아닌 거죠. 예술에서 얼치기면 사랑에도 얼치기이기 쉬운데 공리는 아주 철저하더라고요. 예술적으로도, 그렇지만 남자가 그러고 사는데도 끝까지 사랑이 변치가 않아요.

중국 영화 중에 아주 괜찮은 영화들이 꽤 있어요. 문화대국이라는 것을 제가 느낍니다. 억압된 상황이었는데도 아주 잘 만들었어요.

전에 당 현종하고 양귀비를 다룬 영화를 봤는데 양귀비가 원래는 자기 아들의 부인이더군요. 그런데 첫눈에 반해요.

요즘도 그렇지만 그 당시 왕이면 대단했죠. 더구나 그 무렵은 중국 역사상 가장 문화가 번성했던 시기이고 궁녀가 만 명이나 됐다고 해요. 그런데 현종이 양귀비를 알고 나서 십칠 년 동안 하루도 한눈을 안 팔았다는 것 아니에요. 그러니 한편으로는 만 명의 여자들이 얼마나 한이 맺혔겠어요?

현종이 아주 영리하고 기가 막힌 왕입니다. 당나라 역사 중 현종

때가 문화도 많이 발전하고 제일 번성했을 때였거든요. 왕의 권한이 아주 대단했고 비록 며느리라도 마음대로 할 수 있었을 텐데 그렇게 하지를 않았어요.

두 사람이 처음 만나는 장면을 보면 웬만한 왕 같았으면 당장 수청을 들어라 했을 텐데 그냥 멀리서 악기를 연주하는 거예요. 그러면서 만남을 합법적으로 만들기 위해 굉장히 시간을 오래 끕니다. 양귀비의 모습이 눈앞에 막 어른거리는데도 끝까지 기다려요.

그리고 보면 현종도 상당히 지감을 잘 한 거죠. 실제로 그랬는지는 모르겠는데 아무튼 영화를 그렇게 만들었더군요. 그래서 제가 '아, 역시 대단하다' 했어요. 예술을 아는 나라입니다.

사랑을 얻을 때의 타이밍

가만히 있다가 상대방이 원하는 그걸 해주는 그런 것이 사랑입니다.
가만히 내버려두는 걸 원하면 가만히 내버려두고,
상대방이 원하는 바를 잘 간파해서 원하는 대로 내버려두면
그것이 상대방의 마음을 얻는 방법이라는 것을 말씀드립니다.

인연에 대하여

미혼인 사람은 결혼을 안 하는 것이 좋습니까?

결혼을 하면 짐은 무겁지만 발걸음은 가볍고, 결혼을 안 하면 자기 혼자 가니까 짐은 없는데 발걸음이 무거워요. 왜냐하면 아무래도 우리 사회에서 결혼을 안 한다는 것은 남들이 안 가는 길을 가는 거잖아요.

대세가 아닌 쪽으로 가는 사람들은 길이 험해요. 대신 짐은 없어 홀가분한 점이 있으니까 선택에 관한 문제입니다. 배우자가 같이 수련을 해서 서로 도움이 될 수 있다면 결혼해서 가는 것이 좋죠.

인연이 있는 상대를 만났는지 어떻게 알 수 있나요?

인연이 있다고 반드시 결혼하는 것은 아닙니다. 더구나 현대인의 인연은 반드시 결혼으로만 오는 것이 아니라 오히려 친구 사이가 더 좋을 수도 있습니다.

결혼 시기는 대개 세 번 있다고 했어요. 20대에 하면 이런 사람을 만나고, 30대에 하면 저런 사람, 40대에 하면 또 다른 사람, 이런 식으로 달라집니다. 결혼은 선택입니다. 20대 때 결혼하고 싶지 않을 수도 있잖아요? 다른 시기에 하면 만나는 상대방도 달라집니다.

이 수련의 길에 들어선 미혼 남녀분들은 결혼하려면 상대는 되도록 같이 명상을 하는 사람이면 좋고, 또 밖에서 만났다 하더라도 명상으로 인도해 주면 좋죠.

　아직 결혼을 안 하신 분의 경우 결혼 시기는 수련을 조금 더 한 다음이 좋을 것 같네요. 대주천*이라도 되고, 축기가 어느 정도 된 다음에 하시는 것이 어떨까요? 그 전에 결혼을 해 버리면 수련 과정이 굉장히 길어지거든요. 그러니까 조금 늦추면 어떻겠는가 하는 것이 제 생각이에요. 어디까지나 본인들이 선택할 문제입니다.

저는 혼자 사는 것이 자신 있어서
결혼을 안 하려고 하는데요...

　옛날에 프랑스에서 가정주부들이 혼자 사는 여자들 때문에 데모를 한 적이 있어요. 혼자 사는 여자들이 혼자만 살면 괜찮은데, 상대하는 사람들이 자기 남편들이어서 문제라는 얘기였어요. 혼자 살면 혼자 살았지 왜 내 남편 빼앗아 가느냐고 항의를 했다더군요. 그런 면에서까지 자신이 있으면 혼자 사십시오.

혼자 살려고 해도 인연이 있으면
결국은 결혼을 해야 됩니까?

　인연이 있다는 것이 반드시 결혼이 아니라고 누누이 말씀을 드렸는데요. 그리고 인연이라는 것은 두 사람이 서로 똑같이 만나고 싶고 결혼하고 싶어야 인연이지 한쪽만 좋으면 인연이 아니에요.

* 대주천(大周天) : 뒤쪽 선계수련과정 참조

비극은 인연이 아닌데도 사람들이 무릅쓰고 뛰어넘어서 생기는 것입니다. 기준은 서로 똑같이 좋아해야 인연입니다.

그런데 제가 결혼을 하지 말라고 얘기한 것은 아닙니다. 결혼은 좋은 일이죠. 오해하신 분도 계실 것 같은데, 하지 말라는 것이 아니라 조금 시기를 늦춰서 안목이 높아졌을 때 하시라는 말씀입니다.

남사고 선인 같은 분은 결혼을 안 하셨을 뿐만 아니라 평생 가까이 지낸 여자가 없었다고 하죠. 선인들은 그렇게 쓸데없는 기소모를 안 합니다. 불필요한 말도 안 하셔서 열 번 물으면 한 마디나 겨우 할 정도로 냉정하게 공부시키시죠. 또 생활이 단정하고 잡스러움이 없어요.

이 길은 그렇게 해도 갈까 말까 한 길입니다. '누기' 하지 말라는 말이 있죠? 나중에 생각해 보면 전에 기운을 함부로 쓴 것이 그렇게 후회될 수가 없어요. 수련으로 돌렸으면 너무 좋았었을 에너지를 낭비한 일이 많죠.

그런 것이 많이 후회가 되는데 특히 남자의 경우 정의 소모를 너무 많이 한 것은 정말 통탄할 일이에요. 도로 주워 담을 수도 없어요. 그런 것들을 나중에야 알게 되어 후회하고 가슴을 치는데 그때는 이미 늦습니다.

젊은 분들은 너무 좋은 여건인 것이 수련의 길에 일찍 들면 낭비할 일이 없잖아요. 그래서 얼마나 재미없겠는가 생각하실 분도 계실 텐데, 쓸데없는 에너지 낭비 안 해도 좋으니 얼마나 좋습니까? 잡스러움이 자꾸 걸러지니까 단정하게 살 수 있죠. 아예 모르는 채로 갈 수는 없어서 그런 것도 알기는 알아야 되지만, 번잡하고 잡스러운 방법이 아니라 남들이 봐도 반듯하고 아름다운 방법으로 알게 됐으면 좋겠습니다.

긍정적인 방법으로 하시라는 말씀입니다. 수련의 길에 들어오면 안목이 높아지기 때문에 시행착오를 할 일이 점점 줄어들게 됩니다.

아름답고 단정하게

문학을 하는 사람들이 지저분한 밑바닥까지도 알아야 된다고 직접 체험해 보는 경우가 있는데 아무리 문학을 해도 그렇게까지 할 필요는 없어요. 잘못된 인식입니다. 꼭 바닥 인생을 살아야만 글을 쓰고 모르면 못 쓰는 것은 아니거든요.

모든 것을 다 수련 안에서 풀다 보면 상대가 만나집니다. 내가 1단이 되면 1단인 상대가 만나지고 2단이 되면 2단이 만나집니다. 자기 수준을 높이면 만나지는 상대가 달라져요.

그리고 상대는 끊임없이 만나집니다. 수련을 한다고 해서 인연이 아주 안 만나지는 것이 아니고 자기 수준이 높아진 만큼 나은 상대를 만날 수 있습니다.

명상하러 오신 분들 중 남녀 문제에 대해 너무 모르는 채 온 분은 하나도 없어요. 오히려 너무 많이 아는 편이죠. 그렇기 때문에 더 이상은 일을 벌이지 말고 되도록 정리하는 쪽으로 하시고 앞으로는 하나를 하더라도 아름답게, 단정하게 하라는 말씀입니다.

위에서 내려다볼 때도 축복 받는 만남을 하십시오. 사람이라는 존재의 특성이 지금은 그 사람 없으면 죽을 것만 같아도 지나고 나면 또 아니거든요. 사람은 그렇게 수없이 변해요. 그리고 오히려 더 좋은 상대를 만나기도 해요.

대개 술 잘 먹는 사람들이 곧잘 하는 소리가 술 안 먹으면 사회생활 못한다고 하죠? 천만에요. 술 안 먹어도 사회생활 멋지게 하는 사람이 얼마나 많은데요? 꼭 수련을 해서가 아니라 개인의 선택 문제입니다.

남녀 관계를 비롯해서 모든 일은 자기가 원하는 대로 되게 마련이에요. 반드시 언제 만나서 결혼을 해야 한다고 생각하는 것은 사회 통념일 뿐입니다.

또 꼭 결혼이 아니더라도 남녀 간에 좋은 만남을 가질 수가 있습니다. 남녀 간에 친구가 어디 있느냐고 얘기를 많이 하는데 얼마든지 있을 수 있습니다. 안 하는 것뿐입니다.

특히 이 수련하는 분들은 관계를 자꾸 '승화' 시키면서 가야 되지 않겠는가 생각합니다.

호모나 레즈비언 같은 경우는 어떻게 생각해야 합니까?
또 동성동본인 경우 결혼을 하지 말아야 합니까?

기적으로 음양의 조화에서 남자인데도 음기가 많은 사람이 호모가 되고 여자인데 양기가 많은 사람이 레즈비언이 됩니다. 그러니까 기적인 구조에서 오는 하나의 질병 상태라고 볼 수 있습니다.

그런 사람들은 아픈 거라고요. 태어날 때부터 기적으로 불균형을 가지고 있는 것입니다. 그래서 남자인데도 여자한테 매력을 못 느끼고 나에게 음이 많기 때문에 오히려 같은 남자한테 매력을 느낍니다. 또 여자인데 양기가 많으면 남자한테 매력을 못 느끼고 여자한테 매력을 느낍니다.

동성동본은 남자의 성만 따지는 거잖아요. 여자 쪽으로는 사촌, 팔촌도 규제할 조항이 없어요. 그래서 불평등한 법이라고 하는데 우생학적으로는 팔촌까지는 안 되고 나머지는 동성동본이라도 상관없다고 봅니다.

로댕과 오나시스의 연인

남자 때문에 재능 있는 여자가 불행해지는 것을 종종 보게 돼요.

로뎅의 애인으로 알려진 까미유 끌로델 있죠. 그 여자도 로뎅의 작품을 거의 다 만들었을 정도로 재능이 뛰어난 여자였습니다.

그런데 로뎅이 계속 이중으로 두 여자를 데리고 있었던 거예요. 이 여자와 비서 사이를 왔다 갔다 하니까 까미유 끌로델이 결국 점점 불행해져서 말년에는 정신 병원에서 삼십 몇 년을 살다 죽었어요.

또 제가 얼마 전에 우연히 마리아 칼라스 다큐멘터리를 봤는데 원래 그 여자가 하루에 12시간씩 성악 공부를 했더군요. 오나시스의 유람선 파티에 초대를 받아 가서도 12시간씩은 반드시 목소리 가다듬는 연습을 했대요.

그렇게 자신을 갈고 닦는 데 부지런했던 사람이에요. 그러던 여자가 오나시스를 알고 나서부터 계속 불행해졌어요.

오나시스라는 사람이 그 여자로부터 명성을 가진 것이더라고요. 부는 있었는데 명성이 없어서 유명한 여자를 가짐으로써 명성을 얻었어요. 그런데 마리아 칼라스를 사랑하지 않았던 거죠. 그런데 이 여자는 진심으로 사랑을 했어요.

그래서 피폐하고 비참하게 살다가 나중에 재클린이 오나시스하고 결혼한 다음에는 아주 버림받았죠. 오나시스는 재클린의 경우도 사랑하지도 않았으면서 케네디의 부인이었다는 명성 때문에 결혼한 것이고 3년 만에 다시 비참하고 야비하게 버렸잖아요?

열두 시간씩 자신을 갈고 닦았다면 굉장히 공부를 한 셈인데 사랑 앞에서 그렇게 가차 없이 무너질 수 있는가?

이 수련하는 여성들은 남자 때문에 무너지지 말고, 하루에 열두 시간씩 명상은 못할지라도 하루에 두세 시간씩 명상하는 것만으로 버텼으면 합니다. 명상하시는 여자 분들은 사랑 때문에 불행해지지는 말았으면 좋겠어요.

남자라는 지팡이

왜 여자들은 그렇게 사랑 때문에 불행해지는가? 꼭 지팡이 짚고 가려는 속성 때문에 그렇죠. 남자 지팡이 짚고서 가려는 속성 때문에 불행해집니다.

이 수련하시는 여자분들은 '혼'으로 바로 가세요. 사랑을 통해 가지 마시고 혼으로, 팔문원*으로 바로 가시기 바랍니다. 좀 못된 선생 같으면 아마 저를 통해서 가라고 얘기할 것입니다.

도선생들이 대개 보면 자기를 통해서 가라고 하면서 대리자 역할을 단단히 하려 합니다. 마음이 불편할 때는 자기를 의념하라든지 아니면 기운을 받고자 하면 자기를 떠올리라든지 하죠.

* 팔문원 : 우주를 형상화한 것. 우주본체를 의미함.

바로 팔문원으로 가십시오. 누구를 통해서 가는 것은 하다못해 선생을 통한 것이라도 좋은 것이 아닙니다. 직접 갈 수 있으면 직접 가는 것이 제일 좋아요. 누구를 통해서 가면 마지막 순간에는 그것을 버리는 공부를 또 해야 합니다.

'부처를 만나면 부처를 버려라' 는 말이 있습니다. 부처를 통해서 가면 나중에 부처를 버려야 돼요. 본성으로 들어갈 때는 버리는 것이 굉장히 힘들어요. 그러니까 이 수련하시는 분들은 누구 통해서 가지 마시고 직접 팔문원을 통해서 가십시오.

흔히 재림주연(然)하는 신흥 종교의 교주들이 '나는 길이요, 진리요, 생명이니 나를 통하지 않고는 갈 수 없다' 라고 하면서 다 자기를 통해서 가기를 바라잖아요. 그런데 이 수련의 길은 남자 또는 다른 누구도 통하지 말고 직접 가시는 것입니다.

선생님, 그런데 인간의 속성 중에 가장 위대한 것이
사랑이라는 것 아니겠습니까? 아무리 흔이 좋다고는 하지만
직접 나간다는 것이 참 쉬운 일은 아닐 것 같은데요.

쉬운 일이 아니기 때문에 이 선계수련 하시는 분들은 그러시라는 말씀입니다. 혹시 상대가 되는 남성분이 계시면 길 막고 있지 말고 비켜 주십시오. 남자들은 지배적인 속성이 있어서 알면서도 자기를 통해서 가라고 하고 싶어 하죠.

가로막고 있으면 비키라고 하시고 그리고 흔으로 바로 가십시오.

상대방을 선택하는 기준

미혼 남녀가 상대방을 선택하는 기준은 다음과 같습니다.

첫째, 가장 중요한 것은 상대방이 본인의 진화에 도움이 되느냐, 안되느냐 하는 것입니다.

상대를 고를 때의 기준은 '상대가 나를 진화시켜 줄 수 있는 사람인가, 아니면 퇴화시켜 주는 사람인가?' 가 되어야 합니다. 그렇다고 해서 상대가 월등하게 훌륭한 것이 무조건 좋은 것이 아니라 둘의 수준이 비슷한 것이 좋습니다.

영적인 조건뿐 아니라 기적인 조건, 사회 통념상의 조건, 자라온 환경이나 상식 수준 등이 너무 차이가 나도 안 됩니다. 주변에서 환영받지 못하는 만남이나 부모가 결사적으로 반대하는 만남은 다 이유가 있습니다.

물론 자식이라고 해서 자기의 생각을 강요하는 것은 부모들의 잘못이죠. 대개 자식을 소유물이라고 생각해서 각자의 영역을 인정을 안 하는데 그래도 반대하는 이면에는 다 이유가 있어요.

그러니까 왜 반대하시는지를 발견하도록 하시고 그 이유가 공부에 도움이 되느냐, 안되느냐 하는 것도 생각해 보십시오. 무조건 부모 의견을 따르라는 말씀이 아니라 참고하시라는 것입니다.

특히 명상을 하시는 분은 인간적으로 행복해지기 위해 사는 사람들이 아닙니다. 일단 이 수련에 들어온 사람들은 상대를 만날 때

저 사람을 만나 내가 행복해지느냐, 불행해지느냐가 기준이 되는 것이 아니라 내가 공부, 진화를 할 수 있느냐, 아니면 퇴화하느냐가 조건이 됩니다.

둘째, 흔들림을 주는 상대여서는 안 됩니다.

만남으로 인해 흔들림, 스트레스를 주는 상대가 있어요. 상당히 매력은 있는데 굉장히 피곤하게 합니다. 나를 흔들어 주다 못해 아예 뿌리째 뽑는 사람도 있어요. 이렇듯 자꾸 불편하게 하는 상대는 안 됩니다.

비록 밋밋하고 못생기고 매력이 없을지라도 흔들리지 않고 고정되어 있는 사람, 변함없는 사람이 수련에 방해가 되지 않는 사람입니다.

셋째, 수련에 들어온 이상 에너지, 기를 많이 쓰게 되는 일은 자제해야 합니다. 남사고 선인께서 말씀하셨듯이 한 점 누기 없이 수련에 정진해도 될까 말까 하거든요. 따라서 일단 수련을 좀 해 보신 다음에 나중에 손기가 되지 않을 때 다시 만나도 늦지 않습니다. 공부하는 동안에는 거리를 두고 상대방을 바라보면서 생각을 정리해 보십시오.

수련하는 분들은 하루가 다르게 발전을 해요. 물론 퇴보하는 분들도 있고, 정체하는 분들도 계시지만 발전하는 사람의 경우에는 시각 차이가 굉장히 커지기 때문에 전에는 엇비슷했더라도 한 1년 정도 지나면 전혀 상대가 안 되는 경우가 있습니다.

마치 젓가락 두 개가 짝이 맞아야 되는데 하나는 길고, 하나는 너무 짧아서 도저히 음식을 집을 수 없는 것 같은 상대라는 것을 깨달아지는 때가 있어요.

기혼 남녀의 경우

　기혼 남녀끼리의 경우는 안 된다고 못을 박아 둡니다. 하나가 기혼, 하나가 미혼인 것도 안 돼요. 또 어중간한 상태, 예를 들어 별거 중인 상태에서는 한쪽을 완전히 정리한 다음에 다른 쪽을 시작해야 합니다. 이 수련하는 분들은 양다리를 걸치면 안 됩니다.
　이유는 명상을 하려면 걸리는 것이 없어야 되는데 양다리를 걸치면 걸리는 것이 많아지기 때문이죠. 거짓말도 많이 하게 되고, 들키지 않기 위해서 거짓말에 거짓말을 덧붙이게 되고 걸리는 것 때문에 수련을 못합니다.
　설사 그다지 걸리지 않는다고 말은 하더라도 명상 중에 생각해 보면 어쩐지 양심의 소리, 본성에 따라 볼 때 정당하지 않다는 생각이 자꾸 들어요. 그런 것을 스스로 합리화시킬 방법이 없어요.
　그러니까 곰곰이 생각해 보서서 환영받지 못하는 만남, 또 상식적이지 않은 만남은 '정상이 아니다' 라고 생각하시고 자제하십시오. 하시려거든 일단 한쪽을 깨끗이 정리하고, 다시 시작하는 여유, 슬기가 필요합니다.

수련하다 보면 기운이 뻗쳐서, 전에는 안 그러던 사람도 자꾸 다른 사람이 만나고 싶어지기도 하거든요. 그리고는 스스로 합리화시키면서 다 수련에 필요해서 만나졌을 것이라고 생각하는 경우가 있더군요. 그런데 이 수련은 방법을 사람에게서 찾지 말라고 말씀 드렸죠?

자기 자신에게서 찾고 또 하늘만 보십시오. 사실 기혼자의 경우에는 뭔가가 잘 안되어서 자꾸 눈을 밖으로 돌리는 거거든요. 둘 다 똑같이 원하지 않으면 문제가 없어요. 한쪽은 원하는데 한쪽은 눈을 돌리면 갈등이 계속되죠. 그럴 때는 둘이서 합의를 봐야 돼요. 계속 스트레스 상태로 가지 말고 대화로써 서로 납득할 만한 합의를 봐야 됩니다.

노력도 안 해 보고 방치하다가 영 안 되니까 '나도 딴 데서 찾자' 이런 것도 안 돼요. 대화를 통해 합의하여 납득하는 수준에서 하십시오. 서로가 원하고 다 정리되고 난 다음에는 어떻게 하든 괜찮습니다.

만약 위의 방법으로도 도저히 안 되는 경우에는 금생에 부부의 인연이 없다고 보고 체념하는 것이 좋습니다. 아무리 대화로 타협점을 찾으려고 해도 안 되는 경우가 있잖아요.

상대방의 몸이나 마음이 불구라든가 너무 술을 많이 먹거나 혹은 만성병에 걸려서 부부간에 해결이 어려운 경우에는 상대방이

사랑을 얻을 때의 타이밍 189

허용하는 관계가 있을 수도 있어요. 이런 것은 굉장히 진화된 상태죠. 자신이 못 해 주는 부분을 다른 데 가서 알아서 하도록 하는 경우도 있다고요. 사람에 따라서는 안 된다고 칼부림하는 경우도 있지만 요즘은 그런 것을 허용하는 사람도 있습니다.

그렇게도 안 될 경우에는 '금생에는 나에게 그 부분이 없다' 라고 생각하셔야 됩니다. 없는 것을 굳이 밖에서 찾으려고 한들 찾아 봐야 없어요. 오래가지 못하고 힘들어집니다.

수련하면서 무조건 금욕을 해야 된다고 생각해서 가정에 문제가 있으신 분도 계십니다. 만일 부부가 같이 수련하는 경우에는 백일수련이나 단전재건 수련하는 기간 동안 금욕하시는 것이 좋죠. 또 수련 진도에 따라 '지금부터는 금촉을 하십시오' 하고 제가 개별적으로 말씀드리는 경우가 있는데 그럴 때 금욕을 하시면 됩니다.

그렇지 않은 경우에는 부부간에 서로 좋게 지내시는 것이 좋습니다. 굳이 제가 따로 말씀을 안 드려도 너무 손기되는 상황이 아니면 그 문제로 인해 부부간에 스트레스 쌓일 정도로 지내지는 마십시오.

또 부부가 같이 수련을 하지 않는 경우에 평소에 잘 지내시던 분이 갑자기 그러시면 상대방에게 스트레스를 주게 되는데 그런 것도 도리가 아니거든요. 그러니까 적당한 선에서 유지를 하는 것이 좋습니다.

그러면 손기되지 않는 적당한 선이 어디냐?

아무래도 손기가 되는 것은 사실이거든요. 그래서 만일 내가 혹은 부인이 좀 희생을 하더라도 한 사람이라도 빨리 가고 어느 정도 간 다음에 같이 끌고 가야겠다고 생각하시는 분은 좀 내쳐 가서도 좋습니다.

그러나 좀 늦게 가더라도 손 붙들고 꼭 같이 가야겠다면 그러셔도 됩니다. 어디까지나 본인이 선택하실 문제입니다.

항상 당혹하게 만드는 정(情)

『다큐멘터리 한국의 선인들』6권에 보면
정(情)이 최고의 관문이라고 말씀하셨잖아요.
그 말씀이 참 공감이 가면서 정말 어렵다는 생각이 듭니다.

'정' 공부가 언제 끝나는지 물어보는 분도 있는데 정이라는 것은 상당한 수준이 될 때까지 공부가 끝나지 않더군요. 그래서 정 공부를 마스터했다면 상당한 수준입니다. 본인이 끝났다고 하는 차원이 아니라, 진실로 그 공부가 끝났다면 말입니다. 상대가 반드시 이성인 것만은 아닙니다.

저도 '아! 난 이 공부 끝났어' 한 적이 여러 번 있었지만, 내가 1단일 때는 1단이 오고 2단이면 2단이 오고 9단이면 9단이 와서 점점 강적을 만나는 것입니다.

지금까지 최선을 다해 '베풀자' 하면서 살아왔지만
그렇게 하면서 베푼 만큼 기대하기 때문인지
항상 상처를 받더군요.

'내가 이만큼 하면 상대방은 더 해줄 것이다' 하는 계산이 있기 때문입니다. 반드시 물질적으로가 아니라 내가 생각해주는 만큼 상대방도 해줄 것이라는 기대 말입니다.

'도둑을 맞아도 아무렇지도 않아야 된다' 이런 것은 오히려 쉽습니다. 도둑은 모르는 상대에게 당하는 거니까 감정이 이입되지는 않는데, 가까운 사람으로부터의 배신감 같은 것은 굉장히 어렵습니다. 한번 털어 버리면 그 다음에는 쉬워지는데요. 정 공부를 위해서 자꾸 그런 일이 생기기도 하니까 아무 조건 없이 주세요.

궁녀로 태어나는 분

세종대왕께서도 선인이셨는데 후궁들이 많았다고
들었거든요? 좀 이상하다는 생각이 드는데요...

세종대왕의 경우는 저도 이상했어요. 팔십 몇 명이나 여자가 있었다고 해서 처음에는 선인이라는 기대를 안 했었어요. 저도 그런 것은 참 부당하게 여겨서 '범죄가 아닌가'라고까지 생각했었습니다.

그런데 그분의 입장을 듣고 보니 오히려 여자들의 입장을 생각해 주기 위해서였다는 거예요. 자기가 원해서 그랬다기보다는 상대방의 입장을 배려하는 마음으로 여자들을 대했다더군요.

사실 그 시대의 그런 제도 자체가 너무 불합리하죠. 수천 명이 한 사람만 쳐다보고 있어야 했었잖아요? 그러니까 그분 입장에서는 되도록 많은 여성을 처녀 귀신이 안 되도록 구원해 주는 뜻이 있었던 거죠.

그러면 그 시대에 궁녀로 태어나는 여자들은 왜 그런가 궁금하시죠? 그런 경험이 필요해서 그런 거예요. 부당한 제도하에서 그렇게 한 남자를 바라보면서 여러 가지로 금하는 억압 속에 있는 경험이 필요한 사람들이 그때 태어나서 그런 경험을 하게 되는 것입니다.

그런 상황 속에서도 왕이 눈길 한 번 주고 어쩌다 옷깃 한 번 스치면 평생 그 기억만 가지고도 성은을 입었다면서 영광으로 알고 산 사람들은 기쁘게 살았던 것이고 반면 평생을 한 맺혀서 산 사람들은 한을 품고 죽었던 거죠.

같은 상황에서도 어떤 마음가짐으로 있느냐에 따라 공부가 되기도 하고 한 맺혀 살다가 끝나기도 합니다.

대개 사극 같은 데 보면 여자들이 오뉴월에 한 맺히고 이를 갈고

사랑을 얻을 때의 타이밍 193

하는 장면만 자꾸 부각시켜서 궁중에 있는 여자들은 다 한 맺히고 표독스럽게 살다 죽었다고 생각하는데 사실은 안 그래요.

제가 여성개발원에 있을 때 조선 시대 궁중의 여자에 대해 조사할 때 알았는데 아주 생활에 만족하면서 궁중의 법도와 문화를 배우며 살았던 여자들도 많았습니다. 주로 시나 예술 쪽으로 에너지를 쏟으면서 살았어요.

왕을 차지하는 것만이 목표라고 생각했던 사람들은 죽을 맛이었겠죠. 반면에 한 궁궐 안에서 왕을 모실 수 있다는 것만 가지고도 기뻐하면서 살았던 여자들은 그렇지가 않았다고요. 그래서 같은 상황에서도 행복하게 살다 간 사람들도 있고 비운에 간 사람들도 있습니다.

『다큐멘터리 한국의 선인들』에 보면 제가 신사임당 선인에게 물어보는 장면이 나옵니다. 신사임당이 본부인인데 남편에게 다른 여자가 하나 있었어요. 신사임당이 남편의 임지에 안 따라가고 강릉에 있었기 때문에 현지에 처가 있었던 거죠.

그래서 그것이 부당하지 않으냐고 물었더니, 남편과 떨어져서 사는 날들이 많다 보니 그러한 결과가 나온 것이고 별다른 뜻은 없었다고 대답하잖아요.

여자들 많은 집에 자꾸 또 딸, 또 딸 그렇게 태어나서 부모에게 환영받지 못하는 사람들이 있죠. 그런 사람들은 전에 너무 잘난 척을 많이 했기 때문에 그런 경험이 필요해서 모여 있는 것입니다. 그렇게 비슷한 기질의 사람끼리 모여 있더라고요.

딸 많은 집 딸들을 보면 마음속으로 굉장히 자부심들이 있어요. 그래서 '이번 생에는 혼 좀 나봐라' 해서 그런 프로그램으로 나온 거예요.

언제 시간이 되면 동의보감을 쓰신 허 준 선인하고 한 번 대화를 시도해 보려고 합니다. 그 분이 서얼이셨죠? 왜 그런 프로그램으로 나왔었는지 궁금해서 대화를 해 볼 생각입니다. 옛날에는 의술은 중인들이 했지 양반은 안 했기 때문에 의사가 되기 위해서 그랬는지도 모르죠.

사랑의 성공?

혼자라는 게 얼마나 홀가분한 것인지, 자유롭고. 짝사랑이라는 게 비극이라고 생각하는 것이 참 잘못된 생각이죠.

저는 '사랑에 실패가 없다' 이렇게 말씀드리잖아요? 사랑은 과정이지 결과가 아닙니다. 그 순간 그 순간 자기가 누구를 사랑하고, 사랑하는 사람이 있으면 그것이 좋은 거지요. 이렇게 막 마음 졸이면서 설레어가면서 누군가 시시때때로 떠오르는 사람이 있고 그리운 사람이 있다는 것이 얼마나 기쁜 일이에요? 그게 고마운 일이죠.

 '아, 삭막하다' 이런 거보다는 자기가 그렇게 좋아하는 사람이 있다는 것, 그게 살아가는 힘이죠. 그런데 그 사람이 내 사람이 됐다 안됐다, 이것을 가지고 '사랑에 실패했다, 실연했다' 고 생각하면 안되죠. 만나서 결혼하면 성공입니까? 그게 시작이지요. 그렇죠?

 꼭 내 것이 되어야 성공이고, 남의 것이면 실패고 이것이 아니라, 사랑한다는 감정 자체 그게 행복한 것입니다.

옆에 있어준 죄밖에

 명상에 깊이 들어가면 처음에 거론되는 돈에 대한 욕심, 성욕 이런 것들은 사실 아무 것도 아니라는 것을 알게 됩니다. 그런 것은 그냥 거죽의 얘기들입니다. 초보들이 그걸 가지고 씨름하는 것이지, 깊이 들어가면 그게 아닌 거예요.

 말로 표현하기도 힘든, 아무 것도 아닌 것을 가지고 엄청난 에너지 소모를 합니다. 외로움, 원망, 그리움, 그리고 또 갈증이라고 그러죠. 그 목마름이 정신적으로 사랑을 계속 갈구하면, 갈애라는 표현도 하는데, 끊임없이 사랑을 구한단 말이에요. 특별한 대상이 중요한 게 아니에요. 외로우니까 누군가 사랑하고 싶은데, 사랑하는 대상이 그 사람일 뿐인 겁니다. 상대가 바뀌어도 상관이 없는 거죠. 내가 이 시점에서 뭔가 필요한데, 그래도 제일 인연되는 사람이 그 사람일 뿐인 거예요. 왜 그런가 하면 끊임없이 갈구하기 때문에 그런 거죠. 사랑에 대해서 구하는 겁니다. 그것이 연인간의 사랑일 수도 있고, 또 부모, 자식에 대한 사랑일 수도 있는 거예요. 자식 없는 사람들 보면 굉장히 자식에 대한 애착이 강하죠. 남의 애를 데려다 키우고 그래도 되는데 그렇지가 못해서 드라마에서도 많이 다룹니다. 그런데 왜 그런가 하면 누군가를 사랑하고 내가 보살펴주고 싶은데 그 대상이 아이이고 부모이고 남자고 여자고 이런 것입니다. 그렇게 사람이 끊임없이 갈구합니다.

갈구하는 것이 돈이라든가 성욕이라든가 이런 것은 아예 초보 단계라고 이해하시면 돼요. 그것도 못 넘어서고 죽을 때까지 가기도 하죠. 도 닦는 사람들이 거기서 허우적거리다가 그것도 못 넘고 끝까지 가기도 합니다.

그런데 사실 그걸 넘고 넘어 가면 뭐가 있는가 하면, 마음의 세계에서 아주 집요하게 달라붙는 것들이 있는 거죠. 그런 것은 어떤 종류의 사랑이든 전부 사랑이라는 가면을 쓰고 나에게 나타나는 '마' 입니다.

인간의 일은 전부 애증입니다. 사랑과 증오로 벌어지는 일들이 모든 인간사입니다.

내 마음 속의 한 마음, 뭐 보기 싫다, 질투, 원망, 밉다, 그것 하나를 내가 무심으로 만들기 위해서 수련하면서 계속 투쟁하는 겁니다. 무심이 되기 위해서.

예를 들어 남자가 여자를 배신했어요. 배신했는데, 동의 없이 배신했단 말이죠. 같이 헤어지자 하고서 헤어지면 괜찮은데, 동의 없이 한 쪽이 말없이 배신하면 그 원망하는 마음을 삭이기 위해서는, 10년을 사귀었으면 헤어지는데 10년 걸린다고 그렇게 봅니다.

간단한 것이 아니에요. 그러니 함부로 마음 주고 정주고 이러는 것이 아닌 겁니다. 인간사라는 것이 10년을 사귀었으면 헤어지고 백지 되는데 10년이 걸리는 겁니다. 인간이 쌓아온 감정의 교류라는 것이 그렇게 집요합니다.

그래서 너무 너무 밉고, 원망스러워 정말 죽이고 싶다, 그런데 그 마음을 내가 삭이고 '그런 사람이 있었나? 그 사람이 나한테 어떻게 했지?' 생각도 안 날 정도로 백지로 만들기까지 숨으로써 삭여내고 버리고 빨고 하는 거예요.

그것도 안 되면 햇볕에 널고, 창고에 박아놓고, 다 버린 줄 알았는데 또 꺼내보니까 애착이 생겨서 빨아서 널고...

하여튼 어쩔 줄을 몰라서 계속 빨았다 널었다 처박았다 태웠다 합니다. 대개 사람들을 보면 술 먹고, 계속 담배피고, 딴 데 가서 바람피우고, 마음을 해소하기 위해서 온갖 짓을 다 하는데 그렇게 해도 안 되는 거예요.

또 그 사람이 '내가 잘못했다 살려 달라' 그런다고 되는 것도 아닙니다. 내가 한 번 품었던 마음은 그 사람 소관이 아닌 내 소관입니다. 그 사람은 하나의 도구일 뿐인 거예요. 그 사람을 대상으로 내가 한 일이에요. 그러니까 내가 풀어야 되는 거죠.

사실 그 사람은 상관이 없습니다. 그냥 하나의 역할을 해줬던 것뿐이에요. 사실은 옆에 있어준 죄밖에 없는 겁니다.

그런 걸 수련하면서 무심이 되도록 그냥 자다 깨면 밤낮 떠오르는 그 얼굴이 안 떠오르게, 얼굴이 어떻게 생겼는지 모르게 만드는 이 과정이 엄청난 에너지를 소모하는 겁니다. '무' 로 만든다는 것이.

또 그것만 있는 게 아니죠. 내가 인간관계를 저 사람하고만 맺은 게 아니라 온갖 사람과 맺는데 애증 이런 것을 삭이고 하는 것을 수련을 통해서 매일같이 하는 거죠.

기력이 얼마나 많이 소모가 되는가 하면 앉아서 죽을 지경인 겁니다. 혁명입니다. 전선에 가서 오늘 죽고, 내일 죽고, 폭탄이 날아오고 이런 상황에 내가 있는 것과 맞먹는 에너지가 소모가 되는 일입니다.

내 것이 없는 사랑

앞으로는 이제 점점 더 원하는 것이 다른 것이 아니라, 웬만큼 먹고살고 하게 되면 다른 것이 아니라, 사랑이라는 생각이 듭니다. 여기 오신 이유는 거의 다 사랑에 대한 결핍감, 그런 상실감에서 비롯됐다라고 봅니다. 그런 것이 다 여의치가 않기 때문에, 뭔가 채워지지 않기 때문에, 우린 구도의 길을 찾아든 것이지, 그쪽에서 만족스럽다면 이 길을 찾을 이유가 또 없죠?

그러면은 사랑을 지니지 못하는 그 마음은 뭐겠나 생각해보면 다 욕심이죠. 과해서 감사함을 모르는 데서 생기지 않은가 그렇게 생각합니다. 지난번에 말씀드렸던 감사함을 느낀다면 느끼는 것으로 끝나지 말고 행동으로 표현하는 것이 사랑이라는 것. 사랑을 생활화해야 합니다.

대개 사랑이 없는 분이 없지는 않죠. 어딘가에 사람이 아니어도 어떤 대상을 향해서, 자기 자신이든 아니면 일이든 그것이 권력이든 자신의 돈이든 사랑하는 것은 있어요. 우울한 걸 사랑하든 어떻든 사람마다 다 사랑은 하는데, 그쪽만 사랑하다보니까 다른 면에서는 사랑이 없는 것처럼 보이죠. 치우쳐서 그런 것입니다.

그런데 어떤 한 대상이 아니라 온 누리에 넓게 퍼질 때 사랑의 향기를 느끼는 거죠. 사랑이 어느 한쪽으로 치우쳐 있을 때는 그것은 향기라기보다는 독성에 가깝습니다. 독성.

향수도 좋다고 하지만 너무 많이 가득 있을 때는 그것이 오히려 피해를 주고 하는 것처럼, 어떤 한 대상을 향해서 응축되어 집착해 있을 때는 자기는 사랑이라고 주장을 하지만 상대방에게는 그것이 오히려 독이 되는 그런 거란 말이죠.

사람뿐이 아니라 일을 너무 사랑한다거나 권력을 사랑한다거나 돈을 사랑한다거나 이렇게 하면, 또 역시 그것도 독이 된다 말이죠. 그러니까 사랑을 그렇게 고루 갖기 위해서는 내 것이 없어야 돼요. 내 것. 사람이든 또 모든 것이든 내 것이 있으면 그것에 대해서 편애를 하게 된다 말이에요.

내 것이 없으면 이제 두루 나눠준단 말이죠. 대개 자기 자식은 많이 사랑을 해요. 그런데 너무 또 치우쳐서 자기 자식만 자식이고 세상에 다른 자식들은 전혀 관심이 없는 그런 현상을 보입니다. 그래서 내 것을 가지지 말고 욕심을 가지지 말고 작은 일에 만족하면서 생활을 하다 보면 사랑이 싹트지 않겠는가, 또 그렇게 노력해야 되구요.

사실 사랑이 없는 사람은, 자신이 행복할 거 같지만 사실 사랑이 없는 걸로 인해서 고통스럽습니다. 그게 뭔가 삭막하죠. 사막과 같이 자신도 말라가고 또 옆에 사람도 그렇게 바짝 말라가게 하고. 그런 존재가 되지 말고 오아시스처럼 물 한 모금만 마셔도 자신도 생기가 돌고 옆 사람도 기운을 차릴 수 있게 하는 그런 감로수가 돼야 되지 않겠는가, 우리 수련하는 사람들이라면 더욱이 그래야 합니다.

그것이 저절로 안 되면, 물론 공부를 계속 이렇게 하다 보면 되지만, 그래도 쉽지가 않으면 노력을 해서라도 사랑을 지녀야 되지 않겠는가, 그런 생각을 해요.

사랑은 양보하는 것

사랑에 실패가 없다, 이런 말씀을 드린 적이 있는데요. 사랑이라는 게 결코 나쁜 게 아니죠. 어떻게 하면 아름답고, 어떻게 하면 추한 것입니다.

사랑이라는 것, 자신들의 사랑이 정말 크고 위대한가? 아니면 참 작고 변변치 못하고 그런 것인가? 아마 스스로 생각해보면 알 수 있습니다. 그동안 사랑이라고 했던 것이, 내 사랑이 남한테 내세울 수 있을 정도로 괜찮은 그런 사랑이었는가? 아니면 참 왜소하고 초라하고 변변치 못한 사랑이었는가? 본인 스스로가 점수를 매겨주길 바랍니다.

사랑이라는 것은 양보하는 겁니다. 지는 것이 이기는 것이다 해서 상대방이 선택하게 해주는 것이고 양보하는 거예요. 앞으로 그런 것을 터득해주기를 바랍니다. 이미 지금은 지나가고 있고, 또 다른 국면에 접어든다고 하면, 그 말을 명심하십시오.

가장 빛나는 것은 자기가 가장 소중하게 여기고 이런 거를 남한테 줄 수 있어야 한다는 것, 그것이 사랑이라는 것, 그것을 터득해 주기를 바라고요, 양보하는 것이 이기는 것입니다.

자기가 가장 아끼고 소중하고 귀한 거를 상대방에게 가져가라고 줄 수 있는 그런 마음이면 공부를 어지간히 했다고 볼 수 있습니다.

수련생들의 사랑은 보통 사람들이 하는 것과는 좀 달라야 하지 않은가? 그렇게 생각이 들지 않나요? 공부가 어떤 때 결론이 나는가 하면, 사랑하고 이럴 때 공부했던 수준이 한꺼번에 드러나는 것입니다. 어떻게 헤어지느냐? 어떻게 마무리 하느냐? 이런 것에서 드러납니다.

양보하는 것처럼 아름다운 건 없어요. 지는 것 같은데 결국 그게 이기는 겁니다. 상대방의 마음속에 세월이 지나고 나면 느껴지는 바가 있을 것입니다.

그런 것이 중요한 것이고 '내가 차지했다, 그런데 복잡한 마음을 가지고 차지했다' 그러면 그것이 과연 승리인가? 그건 아니죠. 오히려 패배입니다.

보통사람으로서 본인이 소중하다고 하는 것을 그렇게 내놓을 수 있는가? 아마 잘못할 것입니다. 그런데 수련생은 그래야 된다고 생각해요.

마음을 얻는 타이밍

사람 마음을 얻는 방법은, 타이밍이 있어요. 때가 있습니다.
가만있다가 상대방이 원하는 그걸 해주는 그런 것이 사랑입니다.
가만히 내버려두는 걸 원하면 가만히 내버려두고, 상대방이 원하는 바를 잘 간파해서 원하는 대로 내버려두면 그것이 상대방의 마음을 얻는 그런 방법이라는 것을 말씀드립니다.

이별이 업이 될 때

너무 큰일을 겪은 사람은 연애하다 실패하고 그런 것이 시시하게 여겨집니다. 제일 아픈 이별이 생이별이에요. 사별이 아니라 생이별, 그것도 전쟁 이런 것으로 천만 이산가족처럼 생이별하는 게 한이 많이 남는 겁니다. 가족 남겨두고 이별하면 가슴이 찢어지죠.
그런 사람들은 연애하다 실패하고 짝사랑에 아픈 것 이런 건 일도 아니에요. 큰 것을 이미 당해 놓으면 작은 것에 대해서 이겨낼 힘이 생기는데, 그런 것 안 겪고 순탄한 사람은 별것 아닌 것에 큰

슬픔을 느끼죠.

　전쟁으로 인한 생이별이 아니라 예를 들어 부부 중에 한 사람이 외도한다면, 그것이 또 그렇게 슬픈 것입니다. 그런데 왜 그게 상대방에게 죄가 되느냐 하면, 두 사람이 똑같이 맘이 없어졌다면 괜찮아요. 한 사람은 이쪽을 쳐다보고 있는데 다른 한 사람이 마음이 변한 겁니다. 그걸 상대방이 알았다 하면 정말 찢어지는 거예요. 부처가 돌아앉는다고 하지 않습니까?

　내가 한 사람을 계속 쳐다보고 있는데, 그 사람이 나 모르게 했고 그런데 그것을 알았다 그러면 청천벽력이지요. 그것이 사람 마음을 아프게 하는 것이죠.

　그러려면 상대방을 조금씩 정리시켜 가면서 서서히 해야 합니다. 한 사람은 그대로인데 내가 맘이 변해 가지고 그러면 많은 업이 되는 거예요.

사랑한다? 고맙다!

우주의 진화의 원동력은 무엇인 것 같습니까? 우주의 어떤 것에 힘을 받아서 진화하는가? 우주진화의 원동력, 에너지는 무엇일 것 같습니까? 여러 가지로 답변을 하셨는데, 계속 질문하면 날이 샐 것 같네요.

우주가 가장 좋아하는 파장은 '감사' 입니다. 감사...
'물은 답을 알고 있다' 그 책에 감사라는 말이 나오는데, 맞는 이야기구나, 그것만 가지고도 아, 이 사람은 뭔가를 안다 이렇게 여겼습니다. 그 분이 사랑과 감사를 이야기 했더라고요.

사랑이 하나의 에너지를 낸다면 감사의 파장은 두 가지의 에너지를 냅니다. 배입니다.

사랑의 경우, 인간이 '사랑합니다' 하는 것에는 '나는 당신을 미워합니다' 이런 것도 같이 섞여 있습니다. 애증... 인간의 사랑에는 '사랑해요' 하면 '당신이 미워죽겠어' 질투 이런 것이 섞여 있습니다.

그러니 '사랑합니다' 하면 파장이 조금 일그러져 있는 거예요. 사랑이라 하지만 미워도 죽겠는 것입니다.

이에 반해 '감사' 라는 것은 그냥 오로지 순 에너지입니다.

그런데 감사라는 마음을 일으키는 것이 그것이 깨달음입니다. 감사가 원동력이라는 것을 알고, 어떻게 하면 감사한 마음을 가질 수 있는가, 이렇게 하면 원망인데, 저렇게 하면 감사가 되는 것이죠.

후회 없는 한 생

지금까지의 인생은 아무렇게나 살아왔을 수도 있고

실패했을 수도 있지만 앞으로는 자신의 인생을 스스로 연출해서

첫 장면부터 철저하게 계산해서 가셨으면 합니다.

벼르고 별러서 왔는데

소설에 장편, 중편, 단편이 있는데 장편은 출생에서부터 죽을 때까지 다 다루는 거예요. 그리고 중편은 어떤 시점, 예를 들어 대학에 들어가는 시점에서부터 어떤 시점까지 딱 자르는 것입니다.

단편은 더 자르는 거예요. 단편이 알차다는 것은 하이라이트만 딱 자르기 때문입니다. 그 사람의 인생을 대표하는 명장면만 뽑아내는 거예요. 그러니까 장편을 쓰고 싶으시면 장편을 쓰시고 하이라이트만 뽑아서 하시려면 하십시오.

'내 인생은 지금부터다, 내 인생의 막은 지금부터 열렸다' 하시는 분들은 지금부터 시작하십시오. '나는 몇 년 몇 월 몇 일에 새로 태어났다' 이렇게 시작하시면 됩니다. 아직 준비가 안 되셨으면 좀 더 준비했다가 하셔도 되는데 그 대신 그 때부터의 시간은 전혀 낭비 없이 사셔야 합니다.

이 수련에 들어오신 분들은 하루도 낭비가 없어야 해요. 지나고 보면 너무 아깝습니다. 시간 낭비한 것이 너무 많아서 저도 막 가슴을 치고 울었어요.

명상을 하기 전부터 상당히 알차게 살아왔다고 생각을 했었는데 지나고 보니까 쓸데없는 일에 시간, 에너지 낭비 많이 했고 감정의 소비가 너무 많았어요. 아주 뼈저리게 후회했습니다.

『선계에 가고 싶다』에 보면 선생님과의 문답이 나오죠. 제가 자위하고 싶어서 그랬던 것인데 '제 인생이 처음부터 수련을 위한 과정이었습니까?' 라고 했더니 '큰 줄기는 그렇다고 볼 수 있으나 낭비한 시간도 많이 있었다' 그렇게 말씀을 하십니다.

몰라서 그랬고 또 괴로워서도 그랬고 몸이 허약해서도 그랬고 여러 가지 이유가 있었는데 이제는 살아봐야 저도 기껏해야 이십 년, 삼십 년 남았잖아요.

지구에서 한 생을 보내기 위해 벼르고 별러서 왔는데 이렇게 간다는 것이 아쉽죠.

지금부터는 아쉬울 것이 없어요. 이 공부하고 나서는 하루하루를 저도 아주 알차게 보냅니다. 작가는 24시간 근무하는 사람들이어서 내년쯤 써야 하는 작품 구상에 지금 벌써 들어가야 하는데, 맑음과 좋은 파장을 유지하기 위해 부단히 노력합니다.

그런데 그 전에 제가 너무 낭비를 많이 했더라고요. 그 점을 아주 후회했죠.

한 우물을 파다

어떤 분야에서건 정상에 올랐다는 것은 대단한 것이죠. 정상에 오른 분들의 한 가지 공통점은 집념입니다. 그것 하나밖에 모르는 것이 공통점이에요.

제가 정치 드라마 쓰면서 취재를 하느라고 높은 사람들을 많이 만나러 다녔었는데, 평소 도저히 그 자리에 갈 만한 분이 아니라고 생각했던 분도 막상 만나보면 다 이유가 있더군요. 장관을 만나면 꼭 장관이 되는 이유가 있고 과장을 만나면 과장이 되는 이유가 있어요.

지위로 사람을 평가하는 것이 아니라, 얼마나 집념이 있느냐 하는 것은 알아줘야 한다는 것입니다. 국회의원 비서관으로 30년, 40년 따라다니다가 기어코 자리 하나씩 따내는 것이 아무나 할 수 있는 일이 아니죠. 언젠가는 나도 빛을 보겠다는 집념 하나로 버텨서 빛을 보는 것입니다.

대개 어느 정도 하다가 잘 안 된다 싶으면 금방 포기하고 다른 것을 하는데, 뭐든지 계속 한 우물만 파면서 붙들고 늘어지면 뭔가 나오는 것입니다.

'끝을 본다'는 말이 있죠? 그렇게 자기 분야에서 끝을 보기를 바랍니다. 시시하게 하는 것은 용서할 수 없죠.

하는 것도 아니고 안 하는 것도 아니고 그렇게 할 바에는 안 하는 편이 낫고, 하시려면 그 분야에서 철저하게 정상의 자리에 가시기 바랍니다. 예를 들어 이 수련하는 주부들은 살림을 하셔도 아주 피나게 하셨으면 하는 생각입니다.

뻔한 인생, 뻔한 드라마

'인생은 드라마다' 라는 말씀을 드리려고 합니다. 개운법은 스스로 자신의 운을 개척할 수 있는 명상법입니다. 오늘 개운법 수련을 하시면서 '이제부터는 내 인생을 내가 연출합니다' 라는 말씀을 드렸는데 앞으로는 운명에 따라가지 말고 스스로 본인의 인생을 계획, 설계해서 본인의 주도로 하시라는 말입니다.

전에 저도 상당히 치우친 사람이어서 텔레비전 연속극은 아예 보지도 않고 시시하다고 생각했고 대학 다닐 때까지 클래식만 들었고 팝송 듣는 사람들을 무시했었습니다.

책을 읽어도 명작만 읽었고 아주 편협했어요. 저희 친정이 상당히 학구적인 편이어서 밥 먹을 때도 정치, 종교 얘기하고 제가 초등학교 때 이미 신문 읽고 그랬거든요.

그런데 공부를 하다 보니 제가 지적으로 많이 치우쳐 있더라고요. 그러다가 결혼을 하고 나서 남편의 가정을 통해 서민들의 삶을 알게 되면서 중용을 알게 되었습니다.

단전이 좌우로 가운데 있을 뿐만 아니라 상하에서도 정확히 가운데 있잖아요? 무슨 뜻인가 하면 우주라는 것은 좌우로도 치우치지 않고 상하로도 치우치지 않는 가운데 자리라는 말입니다.

그러므로 도를 공부하기 위해서는 가장 보편적인 감정, 보편적인 진리를 알아야 하고 또 그런 것을 소개하기 위해서는 그렇게 보편적인 방편을 써야 합니다.

제가 드라마 공부를 한 이유도 바로 중용을 알기 위해서였습니다. 전에는 방송이니 그런 세계를 상당히 무시하기도 했었는데 도를 전달하기 위해서는 보편적인 그릇에 담아야 하거든요. 그래서 저도 드라마나 영화같이 많은 사람들이 관심 가지는 것을 이용해서 소개를 해 드립니다.

예술도 여러 분야가 있는데 같은 장르에서도 서로 무시하거나 어느 쪽을 높이는 것을 봅니다. 예를 들어 같은 문학 중에서도 특히 소설은 높이고 그 중에서도 단편 소설은 더 높이고 이런 식으로 편이 갈라지는데, 다 옳지 않습니다. 같은 주제를 어떻게 표현하느냐에 따라서 예술이 될 수도 있고 외설이 될 수도 있어요.

드라마나 영화, 소설 등은 인생을 그리는 예술인데 그런 영화 한 편을 만들기 위해서는 최소한 90신(scene)이 필요합니다. 장면이 많은 것은 120신, 150신까지도 가는데 신이 많다고 좋은 영화가 아니어서 유능한 감독은 90신 정도로 된 시나리오를 좋아합니다. 90신으로 영화를 만들면 참 짜임이 있는 영화가 되기 때문인데 한 신, 한 신이 하나도 의미 없는 신이 없어요.

영화를 보실 때 그냥 무심코 보시는 수도 있겠지만, 장면마다 모두 의미가 있습니다. 시나리오를 떠오르는 대로 아무렇게나 써 내려가는 것이 아니라 작가들이 어디에 어떤 장면을 배치할 것인가 고도의 계산을 한 결과입니다.

시놉시스라는 것이 있는데 신1, 신2 이렇게 미리 도안을 하는 거예요. 노트를 가지고 다니면서 간략하게 신1에는 뭐가 나오고 신2에는 뭐가 나올지를 미리 정합니다.

일단 90신까지 다 되어도 '이 신을 이리로 옮기는 편이 더 낫겠다' 하면서 반복적으로 고도의 계산을 한 후 각 신에 관한 장면이 완성되면, 그 때부터 살을 붙여 시나리오를 쓰기 시작하는 거예요.

직물을 짤 때 실 하나하나를 가로, 세로로 다 맞춰서 하나의 작품이 완성되듯이 아무렇게나 된 신은 하나도 없습니다.

왜 이 말씀을 드리느냐 하면 앞으로 본인들의 인생을 연출하는 데 있어서 마치 작가가 된 심정으로 신1에서부터 신90까지를 스스로 설계하셔서 하나도 허튼 신이 없도록 고도의 계산으로 하셔야 된다는 말입니다.

좋은 영화는 장면 하나만 봐도 알아요. '저 영화는 품격이 어떻다' 라는 것을 장면 하나로 금방 알 수 있습니다.

카메라 각도 같은 것도 상당히 중요해서 카메라맨들이 상당히 예술성이 많습니다. 좋은 감독은 반드시 좋은 카메라맨이 있어야 할 정도입니다.

예를 들어 어떤 사람이 굉장히 고민이 많은데 그것을 어떻게 표현하느냐 하면 담배를 피우는 손이 떨리는 것을 보여줍니다. '고민이 많다, 뭔가 흔들림이 있다' 라는 것을 표현할 때 얼굴을 잡을 수도 있고 뒷모습을 잡을 수도 있고 여러 각도가 있는데 유능한 카메라맨은 직접적인 것이 아니라 흔들리는 손가락을 잡는다고요. 그러면 뭔가 기대감을 가지고 아름다움을 느끼면서 그 장면을 보게 되거든요.

　또 주인공이 누구하고 얘기할 때 말하는 사람을 비춰주는 경우도 있고 얘기를 듣는 사람을 비춰주는 경우도 있고 앞모습을 보여주기도 하고 옆모습을 보여줄 수도 있죠.

　그런 것을 다 연출가와 카메라맨이 같이 신호를 주고받으면서 하는 것입니다. '어떤 모습을 보여줘야 더 잘 와 닿는가, 감정을 적절하게 표현하는가?' 하는 것을 고도의 예술적인 계산으로 연출해 냅니다.

　앞으로 자신의 인생을 연출하는 데 있어서 어떤 각도에서 포인트를 잡을 것인가를 치밀하게 정해서 하시기 바랍니다.

　영화도 한 장면만 보고 벌써 '아, 저 영화는 외설이야' 하면 그 전개가 보지 않아도 뻔하죠. 그런가 하면 또 영화의 장면마다, 각도 하나하나마다 상당히 감동을 주는 것이 있습니다. 대개 명화, 명작이라고 하는 것들인데 어떤 각도에서 잡아도 예술이 되는 거예요. 자신의 인생에서도 그런 식으로 잡으셔야 합니다.

어떠한 경험도 감사한 것

우리는 지금 경험하러 나왔어요. 모든 걸 다 경험할수록 좋은 것입니다. 학교에 입학했으면, 예를 들어 유치원에 입학했다 그러면 유치원에서 배울 수 있는 모든 것을 다 배우고 졸업해야 그게 좋은 거죠. 그리고 대학도 그렇고.

지구라는 학교에 입학했는데 한 생이 아무리 길어봐야 한 8,90년 그렇죠. 자꾸 태어나겠습니까? 이제 한참 있다가 태어나겠죠. 몇 만 년 후에 나온다 하면, 한번 이렇게 나왔을 때 인간으로서 경험할 수 있는 것은 다 경험하는 것이 좋은 거죠. 그래야만 풍부해져요.

그리고 선계에 가면 어떤 역할을 하게 될지는 몰라도 자기가 겪고 했던 것들이 자산이 되어서 그것이 자신을 풍부하게 해주고 무르익게 해주고 성숙하게 해주고 그러는 거죠. 모르는 것보다는 다 아는 것이 좋죠.

저의 경우에도 인간이 태어나가지고는 겪을 수 있는 모든 일은 아마 다 겪은 거 같습니다. 글쎄 더 새록새록 또 다른 게 나올 수는 있을지는 모르겠는데...

인간이 겪을 수 있는 국면 그런 것이 많지 않다고 말씀드렸어요. 보니까 서른여섯가지 정도가 인간이 겪을 수 있는 것이더군요. 그것이 배반, 질투, 원수끼리의 만남, 하여튼 극적인 것들이 있지 않아요? 삼각관계, 사각관계...

　인류 역사가 다 그런 것이고 명작이라는 게 전부 다 그런 것이잖아요. 원수끼리 사랑한다거나 외나무다리에서 만났다거나 속였다거나 죽였다거나 살인자를 사랑한다거나 원수를 갚는다거나. 전쟁, 전쟁 중에 이별, 생이별, 사별, 이혼, 결혼, 배반. 하여튼 그것들을 쭉 적어보니까 그렇게 많지 않더라는 거예요. 서른여섯 가지 정도라는 거죠.

　영화나 그런 작품이 성공을 하려면 꼭 그런 게 한두 개는 들어가야 성공을 한다는 거예요. 지금 여기 '뜬다'고 하는 것들 그런 것들이 다 패턴은 같아요. 들어가는 양념은 다 같습니다. 뭐를 좀 더 많이 넣느냐 적게 넣느냐 이런 차이지 인간사는 다 같은 거예요. 그런데 그것을 그래도 알고 가는 게 낫지 않겠는가 하는 생각입니다.

　제가 명상을 하면서 올라가다가 내리막길로 접어들어 내려가면서 그 다음에 인생의 뒤안길을 알았다라고 말씀을 드렸는데요, 사실 제가 올라갈 때는 인생을 알았다라고 볼 수가 없어요. 한 면만 안 것이죠. 그런데 내려오면서 여러 가지 질투심이라든가 소외감이라든가 갈등 등등, 그런 것들을 겪고 나서야 오히려 인생의 진한 맛, 감칠 맛 나는 그런 맛을 비로소 알았습니다.

　그러니까 그런 것을 경험하게 해 준 것이, 내가 경험을 한 것이 참 감사한 일이에요. 작가의 경우나 이 수련생의 경우, 어떠한 경

후회 없는 한 생　217

힘도 다 밑천이 되는 거예요. 풍부해지고 또 그만큼 착해지고...
　그래서 그런 것을 배척하지 마시고, 좋은 것들만 경험하려 하지 마시고 내가 풍부해지기 위해서 다 받아들이고 공부로 삼으면 되지 않겠는가? 모든 것이 감사죠, 축복이고. 순간적으로는 싫다가도 금방 또 깨닫게 되더군요.

끝없는 반전으로 허를 찌르다

　지금까지의 인생은 아무렇게나 살아왔을 수도 있고 실패했을 수도 있지만 앞으로는 자신의 인생을 스스로 연출해서 첫 장면부터 철저하게 계산해서 가십시오. 좋은 영화일수록 불필요한 장면이 거의 없어요. 꼭 그 장면이 나와야 되는 이유가 있습니다. 장면 장면이 다 아름답고 장면 하나로 전체를 소개하기도 하죠.
　어떤 영화를 보면 도입부가 너무 지루하다가 끝에 가서 조금 재미있어지는데, 그렇게 지워버렸으면 좋을 부분은 만들지 마시고 없어도 좋을 장면도 넣지 마시고 자신의 인생에 꼭 필요한 장면만 삽입해서서 짜임새 있고 아름답게 살아가십시오.
　영화중에서 제일 재미없는 것이 뭐냐 하면 뻔한 스토리입니다.

한 장면을 보면 다음 장면이 연상되는 거 있죠? '아, 저럴 것이다' 하면 틀림없이 그렇게 됩니다.

그렇게 뻔한 스토리 만들지 마시고 '의표를 찌른다'는 말이 있죠? 반전, 허를 찌르는 거예요. 틀림없이 이럴 줄 알았는데 안 그래요. 그럴 때 아주 흥미진진하고 재미있는 영화가 되는 거거든요.

저도 명상 지도를 하다가 비슷한 경험을 합니다. '내가 오늘 이런 말을 공개적으로 했으니까 저 사람이 내일은 틀림없이 안 나올 거야' 하면 대개는 정말 안 나옵니다.

그런데 나왔다면 너무 반갑죠. 바로 허를 딱 찌른 거예요. 그런 것이 참 좋습니다. 뻔한 스토리로 가는 사람들은 너무 재미없습니다.

선인들은 허튼 말, 허튼 행동은 손짓 하나도 하시지 않습니다. 다 필요해서 적재적소에 하시는 거예요.

그러니 '여기서부터 여기까지는 아예 내 인생에서 지워 버렸으면 좋겠다' 싶은 장면 만들지 마시고 꼭 필요한 것만 넣으시고 비록 과거는 그렇게 살아왔을지라도 앞으로의 인생이라도 그렇게 하시기 바랍니다.

작가가 글을 쓸 때 처음에 '무엇을 쓸 것인가?'부터 생각을 합니다. 주제를 정하는 것입니다. 사랑, 배반, 질투, 성스러움, 고독 등 여러 가지 주제가 있을 수 있죠. 다음에는 어떻게 쓸 것인가를 정해요. 같은 주제를 가지고도 표현 방법에 따라 예술이 될 수도 있고 외설이 될 수도 있습니다.

여러분도 우선 자신의 주제를 선택하십시오. 본성을 만나는 것, 사랑을 실천하는 것이 될 수도 있고 '금생은 뼈저리게 고독하게, 철저히 혼자되는 인생을 살아 보겠다' 이럴 수도 있어요. 혹은 '나는 빛나는 작품을 하나 남겨서 인류에게 공헌하겠다' 등 여러 가지가 있을 수 있는데 일단 주제를 정하신 다음에는 어떻게 쓸 것인가를 정하셔서 적절하게 표현을 해 내시기 바랍니다.

돌아가실 때쯤 되면 '나는 한 편의 명작을 남겼다', '내 인생이 하나의 명작이었다', 이렇게 되도록 살아가시기를 간절히 바랍니다.

또 누구하고 같이 있을 때의 비중보다는 혼자 있을 때의 장면이 그 사람을 나타내는 데 가장 좋은 방법이에요. '혼자 있을 때 무엇을 하는가, 혼자 있는 시간을 어떻게 지내는가', 그런 것이 그 사람의 인격, 품격을 나타내 주는 가장 적절한 척도가 됩니다.

얼마 전에 심혜진이라는 영화배우가 인터뷰를 한 것을 봤는데 그 중 한 구절이 맘에 와 닿았습니다. 결혼에 한 번 실패를 한 사람인가 봐요.

결혼에 대해서 어떻게 생각하느냐는 질문을 했더니 결혼을 하게 되면 혼자만의 고독, 외로움 같은 감성에 젖을 여백을 잊어버리기 때문에 큰 손해가 아니냐고 얘기를 하더라고요. 그래서 제가 '아, 뭔가를 아는구나' 했습니다.

그런데 그 사람의 연기가 아주 당당해졌더군요. 전에 '결혼 이야기' 찍었을 때는 별로 호감을 갖지 않았었는데 '마지막 전쟁'에 나오는 것을 보니까 많이 달라졌어요. 나이를 먹는다는 것이 연기

하는 데 아주 더할 나위 없이 좋다고 얘기를 하면서 나이를 먹었다고 해서 연기를 허술하게 한다는 것은 도저히 용서하지 못할 일이라고 하더군요.

그분도 혼자 있는 시간을 적절하게 보냈기 때문에 그런 감각을 가지게 된 거예요. 특히 명상을 하시는 분들은 혼자 하는 시간을 어떻게 보내느냐가 상당히 중요합니다.

이 수련의 과정에서는 끝없이 반전을 합니다. 반전, 반전, 또 반전해서 자기 자신도 놀라고 주변 사람도 놀라게 하는 연출을 하서서 스스로도 신나고 옆에서 구경하는 사람도 재미있는 인생을 살아가시기를 바랍니다.

서너 시간만 집중하면

제 경우에 미루어 보면 일이 힘든 것은 일을 할 때의 어려움보다는, 부수적으로 쓸데없는 것들 때문에 힘든 것이었습니다. 명상을 하게 되면 일하는 요령이 생겨서 적은 시간 내에 효과적으로 일을 처리할 수 있게 되더군요.

저는 기본적으로 한국 사람들이 일을 너무 많이 한다고 생각합니다. 특히 직장에서 너무 많이 일을 시키고 소모를 시키죠.

제가 볼 때 대개 하루에 서너 시간만 집중해서 하면 할 수 있는 일인데, 불필요한 부분을 같이 하느라 힘이 드는 것입니다. 수련을 하게 되면 핵심을 보게 되어 일하는 시간이 줄어듭니다. 전에 열 시간 하던 일이 서너 시간, 어떤 때는 10분 이렇게 팍 줄어요. 그런 것이 수련으로 얻어지는 효과 중의 하나입니다.

책도 그렇습니다. 끝까지 다 읽어야 내용을 알 수 있었는데 나중에는 그냥 어느 정도 읽으면 그 책이 말하고자 하는 내용을 알 수 있게 되었어요. 그러니까 자료 보는 시간도 줄고, 하여튼 여러 가지 면에서 핵심을 금방 파악하기 때문에 일에 할애하는 시간과 노력을 많이 줄이게 되더군요. 적은 시간에도 효과적으로 일을 할 수 있게 되므로 전보다 더 유능하게 할 수 있게 됩니다.

그리고 일할 때 에너지 소모가 많은 것은 일 자체보다는 쓸데없는 신경을 많이 써서 그렇습니다. 주변에 쓸데없는 것들, 일 이외의 부분들에 대한 신경입니다.

에너지를 소모하지 않고 일할 수 있는 제일 좋은 방법은 '무심'으로 하는 것입니다. 무심이란 일만 하는 것, 일 이외의 것들은 전혀 생각하지 않는 것입니다. 일할 때 보면 일 자체에서보다 특히 인간관계에서의 소모가 엄청납니다. 인간관계 부분을 줄여야 돼요. 일만 열심히 하면 되고, 주변 사람들에 대해서 신경 쓰는 것은 줄이셔야 합니다. 일 자체에서의 소모는 별로 많지 않습니다.

도가 트인다?

　한 가지 일에서 제가 그렇게 변했는데 그것은 다름 아닌 명상의 효과였어요. 작가들이 10년을 하든 20년을 하든 컴퓨터를 켜면 막막하고 죽고 싶은 마음을 경험한다고 다 실토를 해요. 왜냐하면 계속 새로운 글을 써야 되기 때문입니다.
　제가 만약 명상을 하지 않았다면 지금도 계속 그렇겠죠. 저는 명상을 통해서 그렇지 않을 수도 있다는 것을 터득했거든요. 오히려 작업하는 일이 기뻐지더라고요.
　한 분야에 도가 트려면 적어도 10년은 넘어야 합니다. 예를 들어 붓글씨 같은 것도 10년이라는 세월을 소비해야 비로소 도가 트이죠. 그런 것을 명상을 통해서 제가 아주 많이 단축시킨 것입니다. 호흡의 힘으로 5년도 안 되어 벌써 그런 차원으로 갔거든요. 이 호흡하시는 분들도 각자 하시는 일에서 굉장히 시간을 단축시킬 수 있을 것입니다.
　전에 명상을 하지 않을 때는 예를 들어 직장에서 보고서 하나 쓰려면 삼 일 정도 계속 오가며 생각을 했었는데 점점 두세 시간 정도로 줄어들다가 이제는 그냥 앉은 자리에서 별로 생각하지 않아도 쓰게 됐습니다.
　다 명상의 힘입니다. 그러니 각자의 분야에서 한번 그렇게 되어 보시도록 하십시오. 일 속에서 스트레스 해소하는 방법이라는 것이 그런 것입니다. 일하는 것이 아주 즐거워집니다. 그런 정도까지 가야 뭔가를 할 수 있다는 자신감을 얻게 되요.

그러니까 각자 하시는 분야에서 그렇게 될 수 있도록 매진을 하시면 그것이 바로 스트레스 해소하는 방법이 됩니다.

시시하게 하지 말라

일하실 때 시시하게 하지 마십시오. 자신에 대한 자부심이 있어야 합니다. '내 분야에서 일인자가 되어야겠다' 또는 '남이야 알아주든 말든 내가 만족할 수 있는 경지까지 가야겠다' 하는 야심 없이는 이 호흡을 할 수가 없습니다.

이 호흡에서 끝을 보는 것은 다른 일보다 몇 배 더 힘든 일이거든요. 그러므로 자신의 일에서 시시하게, 흐지부지하게 적당히 '먹고 사는 일 정도 해결하겠다' 하는 자세로는 이 명상을 할 수가 없습니다.

아이를 키워도 아주 잘 키우시고요. 요즘 연예인들을 보면 젊은 부부들이 경쟁하듯이 아이를 잘 키우잖아요? 연기도 잘하고 살림도 똑부러지게 하는데 '끼' 가 많아서 그래요.

'끼'는 '기'를 말합니다. 기가 장해지면 그렇게 됩니다. 살림도 시시하게 하고 일도 시시하게 하는 분은 선계수련 할 자격이 없습니다. 시시하게 하려거든 안 하는 편이 낫죠.

자기 분야에서 일가를 이룰 수 있는 마음가짐과 각오 없이는 이 수련을 끝까지 해낼 수 없어요. 그 정도의 패기와 의지가 없으면 수련하다가 맙니다. 도중에 시시한 핑계 대고 말거든요. 그런데 일에서도 '내가 일가를 이루겠다' 하는 자세를 가지면 수련에서도 꼭 끝을 보고 일가를 이룹니다.

그러나 수련에서만 그렇게 되어도 안 됩니다. 그렇게 되면 반쪽 공부이기 때문에 항상 두 가지를 병행해서 자신의 일에서도 일가를 이루고 또 수련에서도 일가를 이루기를 바랍니다.

일과 명상을 같이 하시면서 중도의 길로 나가는 것이 가장 바람직합니다.

무한대로 끌어져 나오는 능력

연재소설 "메릴린스에서 온 선인, 토정 이지함"*은 이지함 선인이 지구에 와서 한참 관찰을 하면서 태어나도 좋은가를 탐색하는 내용으로 시작합니다. 여기저기 기운으로 많이 답사를 해요. 지구라는 곳이 어떤 곳인가, 여기서 무엇으로 태어날 것인가, 사람으로 태어날 것인가, 그런 것을 탐색하는 과정이 한참 나온 다음에 태어나는 과정이 나옵니다.

제가 썼지만 정말 놀라운 내용이 많이 나와요. 현대 과학 수준을 훨씬 초월한 상태여서 아주 재미가 있습니다. 물이니 불이니 열이니 하는 지구상에 있는 것들을 다 한 번씩 실험을 해서 그 기운의 움직임 같은 것을 파악하고 '아, 여기 와야겠다' 그러고 나서 태어난 것이거든요.

식물이고 동물이고 먼저 다 보고 나서 어떤지를 마스터한 다음에 사람으로 태어나게 되는데 또 이왕이면 한국으로 와야겠다고 결정해서 여기에 태어난 것입니다. 이러한 탐색하는 과정이 쭉 나온 다음에 드디어 충청도 어느 마을에 태어나게 됩니다.

그래서 초반부가 지리 할 만큼 길게 나오는데 수련하는 사람들이 볼 때는 너무 흥미진진하죠. '태어나는 것도 그냥 마구잡이로 오는 것이 아니구나', '이런 과정을 거쳐서 태어나는구나' 하는 것을 알 수 있게 했습니다.

그러면 그 분이 얘기해 준 대로 제가 받아썼느냐 하면 그런 것은 아닙니다. 먼저 장시간 대화를 해서 이미지로 받아 놓았다가 나중에 그 이미지를 가지고 쓴 것입니다. 수련을 많이 하면 그런 상태

---

* 연재소설 "메릴린스에서 온 선인, 토정 이지함" : 인터넷(suseonjae.org)에 연재 되었던 소설. 『소설 선』으로 출간됨

가 됩니다.

처음에는 말씀하시는 것을 일방적으로 받아 적습니다. 천서는 일방적으로 받아쓰는 것입니다.

그러다가 나중에는 컴퓨터에 저장하듯이 일단 얘기를 다 듣고서 그 이미지를 저장해 두는 거예요. 그런 다음에 다시 내가 필요할 때 처음부터 끝까지 다시 꺼내서 쓰는 그런 과정입니다.

그 때는 무슨 내용인지 이미 다 알고 있는 상태에서 다시 풀어 쓰는 것이죠. 수련하다 보면 경지가 그렇게까지 되어, 그 사람의 얘기만도 아니고 내 얘기만도 아닌 독특한 세계가 됩니다. 어떻게 보면 컴퓨터보다도 더 정확하다고 볼 수가 있어요.

왜냐하면 감정까지 이입이 되기 때문입니다. 컴퓨터는 그냥 기계적인 것만 기억하는데 이 경우에는 감정이나 소리까지 입체적으로 다 들어 있거든요.

그러니까 내가 이 사람하고 얘기를 하고 나서 나중에 일 편, 일 회를 써야겠다고 하면 일 회에 대한 이미지가 다 떠오르면서 글로 쓸 수 있게 되는 거예요.

비단 이지함 선인의 얘기뿐 아니라 어느 선인하고도 그런 식으로 얘기가 되고, 또 어떤 선인의 얘기뿐 아니라 우주의 본체에 관한 모든 문제를 그런 식으로 가져다가 쓸 수가 있는 거예요. 통하면 그런 상태가 됩니다.

저는 읽고 나서 수련생의 입장에서도 놀랐지만 과학하는 사람의 입장에서도 상당히 놀랐습니다. 거기에 탄소 동화 작용의 원리에 대해서 나오더군요. 탄소 동화 작용이 왜 일어나는지를 몰랐거든요. 그런데 소설을 보니까 왜 그렇게 되는가 하는 원리가 써 있는데 아마 이 내용은 처음 밝혀지는 것일 겁니다. 제가 충격을 받았습니다. 모든 사물의 원리가 다 있어서 그렇게 되어야만 하도록 되어 있었어요.

이 소설을 쓸 때는 며칠 씩 끙끙거리면서 쓰는 것이 아니라 굉장히 많은 분량을 몇 시간에 다 씁니다.

이 수련을 하다 보면 스스로도 '이것이 사람의 능력인가?' 하는 생각이 들 정도로 그렇게 어려운 얘기를 그렇게 짧은 시간 동안 압축해서 풀어 낼 수 있는 능력이 생긴다는 거예요.

만일 어떤 과학자나 작가가 그 정도의 수준 높은 얘기를 머리 속에서 짜내서 쓰려고 한다면 아마 몇 년이 걸릴 것입니다. 그런데 그냥 순식간에, 몇 시간 만에 몇 회 분이 나오거든요.

그렇게 수련이라는 것은 쭉 하다보면 자기도 모르게 그렇게 되는 것입니다. 능력이 무한대로 끌어져 나와요. 일단 본 우주에 연결만 되면 그렇게 능력이 한도 끝도 없이 풀어져 나오는 것입니다. 그러니까 저도 스스로 놀라죠.

지금까지 공부해 온 과정을 보면 처음에는 걸음마 정도 하다가 점점 차원이 높아지면서 그런 수준까지 가게 되더군요.

일가를 이룬 분들, 에디슨과 아인슈타인

 누구든지 항상 본체에 닿아만 있으면 가능합니다. 물론 그런 상태가 되기 위해서는 부단히 갈고 닦아야 하죠. 그렇게 딱 맞아 떨어지는 상태가 되기 위해서는 이런 저런 일로 부대끼는 생활을 하면서도 부단히 노력을 해야 합니다. 하지만 누구라도 일단 연결만 되면 그렇게 될 수가 있어요.

 역사적으로 보면 상상할 수도 없이 많은 일들을 해 내는 사람들이 있습니다. 에디슨 같은 분도 발명을 천 가지 이상 했다고 하고 아인슈타인이나 천재 작곡자 등 참 대단한 사람들이 많지 않습니까? 그런 분들이 수련을 통하지 않고 그렇게 되기까지 얼마나 많이 노력하고 자기 자신을 바쳐 연구했겠습니까?

 한 분야에 일가를 이루려면 적어도 이삼십 년은 해야 합니다. 그런 것에 비하면 이 수련을 통하면 너무 빠르죠.

 저는 불과 십 년 안쪽에 이렇게 됐습니다. 그러니 너무나 빠르고 쉬운 길이에요. 몇 십 년씩 자신을 바쳐서 노력하는 것에 비하면 거저라고 할 수 있어요. 앉아서 숨만 쉬면 되는 일이고 하루에 몇 시간 정도씩 하면 되는 일이잖아요.

 대신 마음 상태 같은 것은 많이 정갈해져야 하지요. 군더더기가 없어야 합니다.

 작품을 쓸 때는 파장이 알파(α)파 중에서도 아주 낮은 상태가 되어야 합니다. 어느 정도냐 하면 개미 기어가는 소리가 들릴 정도예요. 이해가 안 되시죠? 어디서 '저벅저벅' 해서 둘러보면 바퀴벌레 기어가는 소리인 거예요. 실제로 군화발로 걷는 것 같은 소리가 나요. 그 정도로 고도의 집중 상태에서 나올 수 있는 일들입니다.

이 수련을 하면 책 같은 것을 못 읽습니다. 왜냐하면 일단 파장이 좋지 않아서 그래요. 우선 책을 펼 수가 없어요. 책마다 다 파장이 있거든요. 글 쓴 사람의 파장이 들어 있어서 탁기 때문에 도저히 못 읽습니다.

책뿐 아니라 그림이니 하는 것도 다 그 작가의 파장이 들어 있습니다.

그리고 읽기 전에 이미 어떤 것인지 알아요. 그러니까 수련을 하면 할수록 할 일이 점점 없어지고 전에 그렇게 재미있던 일들이 점점 재미없어집니다.

그러면 매일 노느냐 하면 그런 것이 아니라, 계속 그런 상태를 유지하기 위해서 하루 종일을 지내는 것입니다.

그런 상태가 저절로 되는 것은 아니잖아요. 항상 정갈한 상태를 유지하기 위해서 나머지 시간에 부단히 노력을 하는 것입니다. 점점 잡스러운 것을 싫어하게 됩니다.

명상을 통해 자신의 능력으로

기업가 ○○○씨 같은 사람들은 기운을 많이 타고난 것 같은데 무슨 이유가 있는지요?

큰 기운을 가진 분들은 그게 그분들의 능력인가, 아니면 접합된 상태인지 봐야 하는데, 큰 일 하시는 분들을 보면 대개 자신의 능력이라기보다는 접합된 상태가 많아요. 필요에 의해서 신명이 접합을 하는 것입니다.

본인의 기운이 아닌 거죠. 대신명이 접합된 상태이면 아주 막강한 파워가 나와서 자기도 모르게 큰 일을 저지르는 거예요. 대기업의 총수가 되어 있고 거기서 만족하지 못하고 '북한을 사겠다' 그런 사람들이잖아요. 돈으로 살 수 있으면 다 사겠다 이렇게.

얼마나 기운이 넘치면 그럴 수 있는가? 그런데 본인의 기운이 아니라 대신명이 접합된 상태입니다. 왜 그런가 하면 그 사람의 타고난 사명이 그렇기 때문이에요.

그래서 귀감이 될 수 있는 여러 가지를 보여주는 것입니다. 지구에 태어나서 수련하는 분들에게 여러 가지 보여줄 것을 제공하는 것이죠. 그런 분들은 그렇게 접합이 되어 있는 상태입니다.

그러나 우리가 지향해야 될 것은 수련이고, 자신의 능력으로 그런 상태로 가야 되죠. 명상수련을 통해 기운이 장해져서 그릇이 다 없어지면 그 때는 그릇이 바뀐다고 말씀드렸죠. 그런 상태가 바람직한 것입니다. 아무리 기운을 장하게 타고 태어났다 해도 수련을 통하거나 또는 신명과 접합되지 않고는 거기서 거기예요.

그러니까 그릇이 아주 크고 기운이 무한히 커서 큰일을 하는 사람들은 딱 두 가지를 보면 돼요. 명상수련을 통한 자신의 능력 개발이거나 아니면 신명 접합입니다. 그렇게 보면 되는데 그 두 가지가 아니라면 거기서 거기입니다. 커봐야 그 수준에서 그냥 있다가 가게 됩니다.

비할 수 없는 가치

수선대*에서 차로 10분 정도 가면 저수지가 있는데 아주 기가 막힌 절경이에요. 저수지 주변만 40km가 되고, 차로 운전해도 1시간 10분이 꼬박 걸립니다. 차 한 대 간신히 지나갈 정도의 폭인데, 그 길에 들어가면 중간에 빠지는 길도 없고 돌아 나올 길도 없어요. 그래서 '가다가 적당히 빠지면 되겠지' 이렇게 생각하면 안 되고, 일단 들어가면 내처 출발한 지점까지 돌아올 수밖에 없는 저수지

* 수선대 : 충북에 있는 야외 수련장인 명상 아루이 수선대를 말함.

입니다.

 그 길을 가면서, 선계로 가는 길은 바로 이런 길과 같다는 생각을 했습니다. 빼도 박도 못 하겠더군요. 전진하거나 그 자리에 서 있지 않으면 추락하는 것밖에는 선택이 없어요.

 되돌아오지는 못해요. 되돌아오는 길이 더 힘들어요. 후진해서 가는 것은 너무 힘들죠. 저도 명상을 하면서 마음속 어떤 부분은 되돌아가고 싶고, 추락하고 싶고, 거기서 머물고 싶을 때도 있었는데, 내처 왔습니다.

 도저히 되돌아가지 못해요. 발동이 걸리니까 이 길은 그냥 계속 가야만 되는 길이더군요. 그리고 그 흡인력이라는 것은 상당해요. 우주에서 나를 부르는 소리, 그 빨아들이는 힘이 너무 커서 다른 데 눈을 돌릴 만한 비교되는 가치가 없었어요. 이 길밖에 없다는 생각이 계속 들었어요.

 고통스러운 것도 많이 느꼈는데 다른 선택이 없었습니다. 왜냐하면 그 길이 좋다는 것, 비교할 수 없는 가치라는 것을 제 마음이 너무 깊이 알고 있었기 때문이었어요.

 엊그제 TV를 보니까 독일에서 유학 온 어떤 분의 이야기가 나오더군요. 세 사람이 같은 부엌을 쓰고 공동 화장실을 쓰는 데서 유학생활을 하고 있어요. 집안도 부유하고 독일에서 상당한 위치에 계시던 분이에요. 역사를 공부하는 분인데 한국사 특히 왠지 고려사를 알아야 세계 역사를 안다는 신념을 가지고 계시더군요. 그래서 고려사에 흠뻑 빠져 있어요.

　게다가 석사도 아니에요. 나이가 삼십이 넘으셨나 그쯤 되시는 분이 이제 한국말 겨우 배워서 학사를 하는 거예요. 여기서 학위를 받지 못할 수도 있어요.

　좋은 직장을 버리고 왔는데 여기서 공부해서 석사, 박사 된다는 보장도 없고, 독일 사람이 한국역사 특히 고려사를 한다고 해서 아무 보장이 없는 일이죠.

　그래서 인터뷰하는 분이 '왜 이렇게 사서 고생을 하시느냐?' 그래요. 그랬더니 선뜻 '가치 있는 일이기 때문에 한다' 이렇게 얘기하더군요. 자기가 가치 있다고 여기는 일은 고생이 즐겁다고 해요. 그래서 참 반가움을 느꼈습니다.

　살아가면서 제일 고통스러운 일은 내가 별로 가치를 느끼지 못하는 일을 마지못해서, 호구지책으로 또는 다른 누구 때문에 할 때입니다. 비참하고 초라하죠. 별로 하고 싶지 않은 일, 가치가 느껴지지 않는 일을 가족들을 부양하기 위해서 또는 어떤 변변치 못한 이유 때문에 해야 될 때 그렇습니다.

　그런데 아무리 고통스럽고 고생스러운 일도 본인이 스스로 가치 있는 일이라고 남에게 말할 수 있고 스스로에게 당당할 수 있다면 얼마나 당당합니까?

　만일 여기서 명상을 하면서 '아, 나는 나의 청춘을 여기다 바쳐도 여한이 없다' 하신다면, '선계수련에 내 청춘의 거의 대부분, 또는 내 인생의 거의 대부분을 바쳐도 가치 있는 일이기 때문에 여한이 없다' 이렇게 생각이 드신다면 내처 하시고, 만일 가치를 느끼지 못한다면 밖에서 할 일을 충분히 하시다가 때가 되면 오셔도 좋습니다.

에필로그

아침마다 눈을 뜨면 나는 수련을 통하여 길 떠날 준비를 한다.
그 날의 상태에 따라서 배낭과 모래주머니를 점검하는 것이다.
모래주머니에는 온갖 걱정거리들이 담겨 있고, 배낭에는 여행에
필요한 잡동사니들이 담겨 있다.

수련을 하면서 나는 늘 궁금했었다.
왜 주변 상황이 개선되지 않는지를
출가를 한 입장에서 가족과 가까운 분은 여전히 무거운
짐이 되고 있으며, 왜 몸은 날아갈 듯이 가뿐해지지 않는지를...
그러다 어느 날 문득, 그것들이 나의 체력을 강화시키기 위해
내 발목에 채워진 모래주머니임을 알게 되었다.
전쟁 중 태어날 때부터 우울증을 앓아 온 내게 부양해야 할 가족과
목숨을 걸고 반드시 해야 할 일이 없었다면 나는 진즉이 생을
마감했었을 것이다. 그리고 훌륭한 건강을 타고 났었다면
나는 아마도 노는 일에 바빠 수련을 하지 않았을 것이다.
그 후로는 그 날의 체력에 따라 모래주머니의 모래를 가감할 줄
알게 되었다.

또, 준비성과 책임감이 많은 나는 늘 체력에 비하여 배낭이

무거웠었다. 배낭에는 먼 길을 떠나기 위해 필요한 옷가지들과
책, 음식, 구급약, 심심할 때를 대비한 취미생활 도구,
같이 가는 분들을 위한 물품들이 가득 넣어져 있었다.
몇 번의 여행을 통하여 최근에는 배낭을 가볍게 꾸리는
지혜를 터득하는 중이다.

5백 억년이 이웃인 우주에서도 가장 정점에 있는 선계로의 여행에서
우리 친구들은 배낭과 모래주머니의 짐과 모래를 적절히 배분하여
다 같이 즐거운 여행을 하기를 간절히 소망한다.

문 화 영

선계수련 과정 안내

1. 기공(氣功)과정

1) **기감 개발** : 우리가 말로만 듣고 실제로는 느끼지 못하던 기에 대한 확인 과정이다. 기감 개발이 가장 쉬운 방법은 장심(掌心)을 열어 장심을 통하여 두 손바닥에서 서로 끌어당기고 밀어내는 인력(引力)을 강화시키는 방법이다. 〈수련법 : 장심개혈법〉

2) **축기** : 기를 수련 등에 사용하기 위해 몸 안의 일부에 모으는 과정이다. 초심자의 경우 주로 단전에 축기하게 되며 수련 초기 단전의 형성은 이 수련의 진도에 절대적인 영향을 미친다. 단전에서 주먹 크기의 기체(氣體)를 형성한 후 점차 강화하면 기운이 생기게 되며 이 기운으로 인체 내부의 기혈을 연다. 단전호흡의 방법이 사용되며 단전이 축구공만큼 커지면 경락이 열리는 기반이 조성된다. 오랜 기간 수련을 했는데도 진전이 없다면 이 단계를 소홀히 했기 때문이다. 〈수련법 : 하단 축기법〉

3) **수기(受氣)** : 내 안의 기운을 모으는 것만이 아닌 외부의 기운을 받는 수련이다. 외부의 기운 중에는 우주기, 천기(天氣), 지기(地氣), 인기(人氣)가 있는데 이 수련은 주로 우주기와 천기의 수기 수련이다. 우주기와 천기를 지구의 주파수에 맞게 바꾸어 주는 천선줄은 수련 지도자가 하늘의 도움으로 설치한다.

4) **소주천** : 기운으로 임·독맥 등 인체 내의 기운이 흐르는 모든 길을 여는 과정이다. 인체 내에 기운이 모이면 흐르게 되며, 이 흐르는 기운을 정

상적인 통로로 유통하여 주요 혈을 여는 기법이다. 평소 사용하지 않던 기맥을 연결하여 다음의 대주천에 대비한다. 〈수련법 : 중단 개혈법, 독맥 개혈법〉

5) 대주천 : 소주천 과정이 끝난 수련생이 외기(外氣)와의 유통 경로를 여는 것이다. 천지 기운을 모두 받아들일 수 있는 경락이 열리게 되며 이 과정을 거치면 진정 하늘 공부를 할 수 있는 사람이 된다. 수련을 열심히 할 경우 기공 과정을 일년 안에 마치게 된다. 〈수련법 : 대주천 수련법〉

2. 신공(身功) 과정

1) 기변법(몸 안의 기운을 바꾼다)

(1) 천지유통 : 하늘은 땅이 있으므로 있고, 땅은 하늘이 있으므로 있는 것이다. 하늘과 땅은 둘이 아니고 하나요, 하나이면서도 둘인 것이다. 하나이면서도 둘이고 둘이면서도 하나인 원리를 터득하기 위한 수련이다.

(2) 지수화풍 : 모든 기운은 하나이다. 그 하나 속에서 자신의 기운을 점차 하늘의 기운으로 바꾸어 간다. 이 단계를 익히면 마음이 평온해진다.

(3) 건곤일척 : 하늘을 우러러 자신의 모든 허물을 벗어버리는 수련이다. 이 과정을 겪음으로 인해 모든 것을 대함에 떳떳해진다. 자신이 겪고 있는 업에 대한 인식이 바뀌고 업이 정당한 것이며 이 업을 금생에 벗어나기 위해 어떻게 해야 하는가를 생각하며 하는 수련이다.

2) 신변법(몸을 바꾼다)

(1) 화룡첨정 : 기적인 세계를 보는 안목을 키우는 수련이다. 이 수련을 거치면 기적인 세계를 보고 이것을 인간 세계에 이용하는 법을 배운다. 기안(氣眼)을 열고 이 눈으로 기계(氣界)를 보며 기계의 선진기술을 인간 세계

에 이용하도록 하는 것이다. 하늘을 알고, 하늘의 법도를 배우며, 하늘의 뜻을 실천하는 사람이 되기 위해 필요한 과정이다.

(2) 육기조화 : 인간의 몸을 가장 조화로운 상태로 만드는 수련이다. 육기란 오장육부의 모든 기운을 말하며 이 모든 기운들이 조화됨으로써 가장 강력하고 균형 잡힌 인간이 형성되는 것이다.

3) 기운법(몸 안의 기운 뿐 아니라 주변의 기운도 바꾼다)

(1) 관운기화 : 자신의 주변을 둘러싸고 있는 기운을 바꾸어 좀 더 편히 수련에 임할 수 있는 분위기를 만들어주는 수련이다. 이 수련을 함으로써 자신이 당하고 있는 문제를 객관적으로 보고 내가 겪어야 할 이유에 대해 알게 된다. 이유를 알았다는 것은 자신의 일을 알게 되는 것으로써 체념이나 포기와는 다른 벽을 넘게 된다. 마음이 불편할 때 하면 좋다.

(2) 상비조화 : 사람의 모든 기운은 우주의 모든 기운과 조화되어 일체를 이루도록 되어 있다. 상비란 사람이 수련을 하여 인체의 기운이 하늘 기운이 되는 것을 말하며, 하늘 기운이 된 상태에서 조화를 이루는 것을 말한다. 몸이 맑아지며 판단을 하는 데 실수가 적게 된다.

(3) 구룡비상 : 이상의 수련을 정상적으로 한 사람이 천상 세계를 직접 관찰하며 수련의 의미를 다지는 수련이다. 현재의식에서 탈피하여 무의식으로 들어가며, 무의식에서 천상의 파장과 일체를 이루어 방송국에서 보내는 주파수를 텔레비전으로 보듯 천상 세계의 일을 손에 잡힐 듯 볼 수 있다. 이 단계에서는 호흡 수련의 강화가 더욱 필요하다.

(4) 강화신천 : 현재까지의 수련을 강화하는 단계이다. 사람의 기운은 마음이 바탕이며 몸이 표현 수단이므로 몸을 가꾸는 것은 마음과 일체가 되어

야 가능한 것이며, 몸과 마음이 일체가 되고 나서 진정한 기운의 변화가 일어나는 것이다. 이 수련은 몸과 마음을 변화시켜 수련자 자신은 물론 주변까지도 평안하도록 하는 것을 목표로 한다. 이 단계를 거치면 내기(內氣)가 강화되고 자신의 주변 기운도 강화되므로 어떤 사기(邪氣)도 범접하지 못하게 된다.

(5) 상식오비 : 현재까지의 신법을 총 정리하는 수련이다. 이 수련은 바뀐 몸과 몸 주변의 기운을 다지는 것이다.

이상과 같은 신법(身法) 수련으로 수련의 중급 과정은 끝나게 되며 다음은 고급 과정인 신법(神法)이나 심법(心法)으로 들어가게 된다. 신법은 영(靈)으로, 심법은 마음으로 가는 수련이므로 기에 관한 기반이 조성되어 있지 않으면 진전이 불가능하고 효과가 나타나지 않으므로 안 한 것만 못한 결과가 된다.

3. 신공(神功) 과정

신공(身功) 과정을 통해 영적인 눈이 열리고 몸과 마음이 준비된 상태의 사람에게만 시키는 수련으로서 이 단계를 거치면 신과 우주인, 그리고 타 영들과의 대화가 가능하다. 수련생들이 옆길로 빠지게 되는 확률이 높은 수련이므로 필수 과정은 아니나 보이지 않는 세계에 대한 확신을 가질 수 있게 된다.

4. 심공(心功) 과정

이상의 과정을 통하여 몸과 기운이 정화된 사람이 깨달음을 얻기 위하여

본격적으로 마음공부에 들어가는 수련이다. 경우에 따라 금촉수련이 요구되기도 하나 각자의 스케줄에 의해 다른 경우도 있다. 자신이 누구인지와, 자신의 역할과 사명에 대해 알게 된다. 이 과정에서 본성(本性)을 만나게 된다. 기운뿐 아니라 모든 해결 방법을 자신 속에서 찾는 수련이므로 기초 작업을 완전히 다진 후 들어가지 않으면 수십 년이 걸리거나 실패하는 수도 있다. 1단계의 심공은 인간 세계에서의 마음 자세를 배우고, 2단계의 심공은 천상계에서의 마음 자세를 배운다. 이 과정을 끝내면 천인(天人)이 된다.

* 위의 과정 중 기공 단계는 모든 이에게 공통되는 과정이며 나머지 과정은 각자의 수련 스케줄에 따라 순서가 변경될 수 있습니다.

선계수련의 단계

1. 초각(100점 완성)

초각(初覺)은 자신에 대한 기초적인 정보를 아는 것이며, 이것은 호흡과 의식으로 가능하다. 이 단계에서 수련생들은 모든 것을 안 것과 같은 착각을 하게 되며 전부 깨달은 듯한 착각에 빠지는 것이다. 시험은 이 단계에서 가장 많이 오며 99%의 수련생들이 이 초각에서 중각으로 넘어가지 못하므로 결국 초각에서 수련을 멈추게 된다. 항해에 비하면 막 출항한 단계이다. 수련의 재미를 알고 기(氣)의 용법을 알아 수련이 재미있게 되며 급진전이 있는 것도 이 단계이다.

1단계 : 축기를 하며 기를 알게 되는 지기(知氣) 단계
2단계 : 알고 있는 기에 대한 기초 지식을 더욱 연구하는 습기(習氣) 단계. 1단계에서의 마음점수와 총점이 각 100점일 때 진입한다.
3단계 : 이 기를 이용하여 인간의 병을 치료한다거나 하는 용기(用氣) 단계. 즉 의술의 발휘가 가능한 수준이다. 2단계 점수가 100점일 때 진입하며 대부분의 기공 수련이 이 단계에서 끝난다.

2. 중각(100점 완성)

자신과 우주에 대하여 아는 것. 서로 비교하면서 자신의 보잘것없음을 알게 되며, 이 단계에서 자신의 명(사명)을 알게 된다. 이 단계에 오면 다른

사람의 앞에 나섬을 두려워하게 되며 우주에 대한 경이로움으로 스스로 겸손하게 된다.

이 단계에 들기 직전 엄청난 두려움과 시련이 닥쳐오며 기존의 항로에서 벗어나 새로운 길로 가게 된다. 기존의 사고방식과 수련 방법에 있어 일대 전환이 필요하며 중각의 단계를 벗어나기까지 무한한 인내를 요한다. 본격적으로 이 중각의 경지에 들면 마음의 평정을 찾아 어떤 동요가 와도 흔들림이 없으며, 마냥 편한 가운데 정진하게 된다.

1단계 : 자신의 마음을 알게 되는 지심(知心) 단계
2단계 : 자신의 마음을 어떻게 사용하여야 하는가를 알게 되는 습심(習心) 단계
3단계 : 이러한 마음의 위력을 알고 이 마음에서 벗어나는 탈심(脫心)단계. 이 단계를 불교에서는 해탈, 즉 '대각' 이라고 하며 이 단계를 넘어야 종각으로 갈 수 있다. 종각은 내 마음으로 하는 것이 아니며 온 우주와 더불어 함께 호흡하는 것이다.

3. 종각(100점 완성)

자신과 우주를 알고 다시 자신에게서 우주를 발견하게 되는 단계. 수련의 완성기이며, 이 단계에서는 자신의 모든 판단이 우주의 판단과 일치하여 어떠한 생각을 해도 실수가 없다. 종각을 향해 나아가는 것이 선계수련의 길이다. 이 단계에서 선계 1등급 진입이 허락되며 우주와의 합일 정도에 따라 1~10등급까지 구분된다.

국내 명상 안내 (www.suseonjae.org)

서울 · 수도권   전국 1544-1150

약수	02-2233-0250	목동	02-2642-2988	부천	032-613-8008
양재	02-573-8892	수유	02-984-5282	덕양	031-938-1954
광화문	02-722-1108	장위	02-914-8882	용인	031-275-4242
관악	02-886-8700	역삼	02-539-0008	인천	032-507-5005
송파	02-420-8082	분당	031-719-2582		
여의도	02-782-0987	일산	031-812-0131		

대전 · 충청

탄방	042-485-0077	노은	042-476-6644	천안	041-568-4765
대덕	042-623-7900	청주	043-288-7337		

광주 · 전라

상무	062-376-9669	봉선	062-675-3356	전주	063-905-9050
일곡	062-571-1012	익산	063-835-1727	나주	061-336-0390

부산 · 경남

서면	051-868-1124	당감	051-897-3678	창원	055-266-0020
화명	051-337-0037	중앙	051-231-7200	밀양	055-355-8190
수영	051-758-0038	마산	055-224-0802		

대구 · 경북

문화	053-423-3211	울산	052-282-3117	경주	054-741-4799
달서	053-523-3211	영천	054-338-5840	하양	053-854-2688
현풍	053-616-7389	구미	054-456-3883		

강원 · 제주

속초	033-632-4227	제주	064-713-5622	
원주	033-764-7008	동제주	064-723-5622	

명상아루이 선

차 한 잔의 명상...		인사점	02-722-6653	수지점	031-896-4637

해외 명상 안내

미국 뉴저지 1-201-944-3439
442 Broad Avenue, 2nd Floor Palisades Park,
NJ 07650

중국 북경 86-10-8471-0138
中国 北京市 朝阳区 望京新城 322-201

남아공 요하네스버그 27-11-463-0001
30 Peter Place Lyne Park, Bryanston, Sandton,
South Africa

호주 시드니 61-2-9266-0926
Suite 606/127 York st. Sydney NSW 2000, Australia

프랑스 파리 33-143-682-873
5 QUAI BLANQUI 94140 ALFORTVILLE APT 107

도서출판 수선재의 책

선계에 가고 싶다(전2권) | 각 9,000원
선계(仙界)의 영적 스승으로부터 지도 받아 호흡수련을 통해 본성을 만나기까지 과정을 일기형식으로 생생하게 소개한 책. 선계란 어떤 곳이며, 어떻게 하면 선인(仙人)이 되는지 알려주는 명상 서적의 바이블!

무심 | 9,000원
명상마을의 직장인 명상캠프에서 명상을 지도한 체험을 엮은 명상서. 삶의 애환을 해결하는 명쾌한 답변이 지친 현대인의 마음을 편안하게 한다. '무심'으로 하면 피곤하지 않고 창조적인 힘이 생긴다는 것.

다큐멘터리 한국의 선인들(전6권) | 각 7,500원
황진이, 서경덕, 남사고, 이지함, 이율곡, 신사임당 등 역사에 자취를 남기신 많은 분들은 선계에서 공부 차 오신 선인이었다. 그분들이 전해주는 깨달음의 이야기와 〈선계에 가고 싶다〉 이후 저자의 심도 있는 수련 이야기가 담겨있다.

소설 선(仙)(전 3권) | 각 8,500원
조선 중기의 대선인, 토정 이지함의 3대에 걸친 구도기로, 실제 대화를 통해 구성한 소설 아닌 소설. 메릴린스 별의 선인 미르메트는 어느 날 진화의 필요성을 느끼고 재수련을 결심하여 지구에서의 한 생을 보내게 되는데...

천서 0.0001(전 2권) | 각 12,500원
천서(天書)란 하늘의 말씀으로, 인간이 닿을 수 있는 가장 미세한 파장인 0.0001의 알파파장으로만 수신이 가능하다. 우주창조, 인간창조, 지구의 미래, 후천시대, 선계, 조물주, 환인선인 등 주제별 천서모음집

의선 허준과의 만남 | 8,000원
명상학교에서 스승과 제자들의 날이 새도록 이어지는 따뜻한 대화의 기록. 동의보감을 쓴 허준이 의선(醫仙)이었다는 것도 저자의 명상을 통해 처음 밝혀지는 사실로 허준과의 대화내용을 공개한다.

홀가분함 | 9,800원
버려보면 새로운 경지가 열리니 집착을 벗으라는 내용으로 생활 속에서 버리는 법, 부부관계, 직장생활, 호흡과 명상의 방법 및 효과, 우주기운을 받는 안테나 등 여러 주제들을 다양하게 풀이하고 있다.

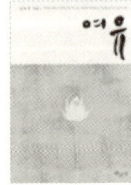

여유 | 8,000원
여유가 있는 한 기회는 있다! 급하기만 한 세상에서 여유를 찾는 방법을 하루에 한 가지씩 365개의 메시지를 통해 구체적으로 제시하는 책. 부담 없이 언제 어느 장을 펼쳐도 1분이면 마음의 여유를 찾게 해준다.

작고 소중한 책 '11 시리즈'

가볍고 기분 좋은 책, 함께 하는 5%의 사랑
풍부한 자극과 영감을 주는 내용, 취향과 선물하고픈 사람에 따라 선택의 폭이 넓다.
5%가 이웃사랑에 환원된다. ｜각 2,800원｜

▶ 《여유》《무심》
　내면의 목소리를 통해 나를 행복하게 만드는 지혜를 듣는다
▶ 《시작은 항상 아름답기에》
　변화를 시작하는 사람들을 위한 안내자
▶ 《아가에게》《아주 특별한 선물》
　순수한 삶, 기분 좋은 이야기들
▶ 《나는 최고의 상품이다》《포기하지 마라, 절대로 포기하지 마라》
　어떤 역경에서도 용기와 지혜를 심어주는 성공법칙
▶ 《꽃보다 아름다운 사람들》《추억은 초콜렛처럼 달콤하고》
　투명한 수채화처럼 아름답고, 마음을 따뜻하게 적셔주는 수필
▶ 《느리게 혹은 천천히》《살아 숨쉬는 모든 것에 대한 소중함》
　삶의 소중함을 일깨우는 작은 행복들